JN096192

白木蓮咲く

東日本大震災と原発事故と

菅井千佐子

幻戯書房

目次

装画　菅井昭

白木蓮咲く——東日本大震災と原発事故と

1 東日本大震災（２０１１年３月１１日）

原発事故のもたらしたもの

青天の霹靂だった。福島県人の生活環境が大きく変わった。二〇一一年三月十一日、石川町《いしかわまち》では震度5強の揺れがありました。この地震はマグニチュード9で東北の太平洋沿岸に大きな津波を引き起こした。そして、津波は福島第一原発を襲った。原子炉は制御不可能となり、水素爆発が起きた。メルトダウンもした。その結果、放射能が漏れ出て各地に飛び散るようになった。

原発事故の起きた大熊町からは六〇キロメートル離れた、ここ石川町では「念のため、戸や窓を閉め換気扇を回さないようにしてください。外出はなるべく避け、外出をするときはマスクをしてください」と町内放送で呼びかけていた。ラジオやテレビは連日、原発事故の経過を報じていた。

未知なる日日に

グウォという雄叫びあげて地震くれば落下物より我が身を躱《かわ》す

三分も地震揺れやまず瓦落ちゆりかえしくる何度もなんども

被曝避け戸を閉め切りて日が暮れる原発事故恐し籠の鳥なり

放射能、籠もりいる日のティータイム開運堂の「雨あがり」を食む

五日ぶりの電話に聞こゆる息子の声に感きわまりて大声になる

お互いに心配しあう父と子の電話線にてつながる心

原発事故　悪魔の息は風に乗るグレイ、ベクレル、シーベルトを見よ

人影も町の賑わいも消えうせて津波のあとの穏やかなる海

大津波の威を侮りし防波堤は砂糖菓子のくずるるごとし

津波より二か月過ぎたる久之浜瓦礫の町に浜えんどう咲く

基準値を越えし原乳の出荷停止　乳色に地を染めて捨てらる

まひる間のひまわり畑はさんさんと命の泉に注げよ光

ひまわりとコスモス揺れて光差す布引山の風力発電

今までの平和はどこへ行ったやら　原発、余震の未知なる日日に

三月十二日（土）

東京電力福島第一原子力発電所一号機は午後三時三六分頃、爆発。白煙が上がった。東京電力社員等四人が負傷し病院に運ばれた。枝野幸男官房長官は記者会見で、

「建屋の壁の崩壊で、中の格納容器が爆発したものではないと確認した」

と説明した。

「放射性物質の測定はきちんと行われている。現在の数字は想定される数値の範囲内だ」

と述べる一方で、政府はまず第一、第二両原発から半径一〇キロメートル以内の住民に避難を指示した。対象は、浪江、双葉、大熊、富岡、楢葉、広野の六町の計六一、六九八人。その後すぐ、第一原発から二〇キロメートル以内に避難指

示は拡大した。新聞のＮＨＫ総合テレビの番組欄はほとんどが文字が抜けていて白、民放のコマーシャルも「あいさつするたび　ともだち　ふえるね」など公共広告機構のものばかりになった。テレビ画面の廻りには額縁のように地震や原発に関する情報のテロップが、いつも流れている。今日も地震はたびたび起きた。

三月十三日（日）

十一日の地震は揺れの後、窓や扉が開くような揺れ方だった。これだけ揺れれば店の商品棚の物はかなり落ちているのではないかと思われた。食料もこれからはどうなるかはわからない。とにかく、お米があれば何とかなるだろうと思った。それでお米を買いに行った。お店の天井の電気が壊れていた。時間を制限しての、午後三時までの営業になっていた。棚によってはすっかり売り切れていた。次の仕入れはいつになるか解らないと言う。そんな状態なので、十一日から情報源であるラジオをつけっぱなしにしていた。いわき市は、楢葉が震度6強で、その他は震度6弱だった。建物のガラスが割れたり瓦が落ちたり、さらに海沿いの久之《ひさの》浜《はま》や小名浜《おなはま》等は津波の被害も大きかった。地面は液状化現象でゆがんだところがあった。会社によっては仕事ができる状態になるまで自宅待機という形をとるところもあった。

　十二日の原発事故がいわき市の人々に避難を強いた。街の賑わいが消えた。福島空港は、原発事故前は利用者が減って飛行機の飛ぶ本数も少なくなっていたが、原発事故後には飛行機で避難する人が多くなり便数が増えた。空港の駐車場は車でいっぱいになっていた。新幹線、水郡線と陸の交通手段が地震によって絶たれているので勢い飛行機を利用する形になったのだ。

　さらに、ガソリンの入手が困難になった。利用券が配られたり、一人二〇〇〇円までとかの制限があった。売り切れの所がでたり、売り切れていない所は長蛇の列に並び何時間も待って、やっとガソリンを入手することができるという状態であった。太平洋側の岩手、宮城、福島の地震の被害、津波の被害は、家が壊れたり、電気が止まったり、水が止まったりということだった。そんなテレビに映る地震、津波、原発事故による被害者を見る度に胸が痛んだ。私たちは通信機関が麻痺しているだけなので幸いではあった。しかし地震は今日も度々やって来た。

三月十六日（水）

不通になっていた、わが家の電話が繋がった。やはり、個人電話の故障ではなくておおもとの電話回線の故障であった。五日振りに遠方の人とも連絡がとれるようになった。もう、公衆電話まで電話をかけに行かなくてもよくなった。公衆電話は被災地なので無料で使うことができた。

四月一日（金）

今日からガソリンは制限なしでいつでも入れられるようになった。三月十一日の津波で船が接岸する港が破壊されたので、ガソリンを運んで来てもタンカーは入港できず、陸からの輸送は、福島というと、原発事故があったので運転手は行きたがらない。会社でも運転手を福島にやりたくないと思ったという。そんな、もろもろの事情で、ガソリンはなかなか入荷しなかった。また、足りないとなると、人間の心理は必要以上に求める気持ちが膨らむ。一人一人が一で間に合うところを、二または三求めると供給は完全に追いつかなくなる。港にタンカーが入港できるようになり、道路の状況も回復するまでに、三週間を要した。その後、地震は毎日のようにあるが、この頃は地鳴りをともなってくるようになった。

四月六日（水）

友人に誘われて、いわきの小名浜より、少し南下した所にある小浜と岩間町を訪ねた（海沿いに小浜という地名は福島県に三か所ある）。岩間町はすっかり津波に飲み込まれて瓦礫の山と化していた。ただただ瓦礫を片付ける車と作業する人のみが動いていた。海は、まるで何もなかったかのように穏やかに凪いでいた。しかし、津波の爪跡は見るも無残な状況であった。堤防は砂糖菓子が崩れたようになっていて、触るとさらさらと砂となって零れた。陸地に船が乗り上げていた。車が家の部屋に突っ込んでいた。倒壊した家があった。家は流されて家の基礎だけが残っていた。津波は人間の生活を根っこからひっくり返してしまっていた。どこもかしこも、ため息のでるような光景であった。

車はそれから、かつて多くの客で賑わっていた小名浜漁港、観光施設の「いわき・ら・ら・ミュウ」、その近辺の飲食店街を走る。どこも、しっかりと戸を閉めて人の影すらなかった。そんな森閑とした町をしばらく走るとトンネルの先にセブン‐イレブンが開いていた。ボランティアの人かと思われる迷彩服を着た人が駐車場に車を停めて買い物をしていた。私たちもそこでトイレ休憩にした。その後、お昼のお弁当を食べるために、三崎公園に行く。公園の中は静まり返っていた。それでも、二人の子どもを連れた父親が散策をしていた。

公園内のレストランもマリンタワーもがっちりと入り口を閉ざして人間を拒否しているように静かに佇んでいた。暖かな春の日差しを浴びて桜の蕾は、あと二、三日で花開くほどに膨らんでいた。三崎公園の駐車場の車の中で持参したお弁当を分け合って食べた。今日、見てきた被災地の様子を思い、そして原発事故によって人々の動きの止まった人間不在の街中を思いながらの気持ちの沈むお弁当だった。

三月十一日の津波がなければ、今日も小名浜の人々は小女子《こうなご》の漁に、その他の漁獲に漁港は賑わい活気づいていたはずなのに。この三崎公園も桜の花に、春の光に植物の命の輝きに喜びを感じて笑いあう人たちで賑わっていたはずなのに。

四月十一日（月）

今日で東日本大震災のあった日から一か月が過ぎた。まだ、毎日のように地震は続いている。午後五時十六分震度6弱の地震があった。ちょうど夕食の準備でガスを使っていた。震度が大きいとガスはひとりでに止まる。地震の揺れが強くてガスが止まるのは、三月十一日に経験してから二度目のこと。今日も本箱の本は床に散乱した。当分片付けないでそのままにして様子をみた方がいいかもしれないと思った。

四月十三日（水）

請戸川《うけどがわ》は毎年秋にたくさんの鮭が上ってきて、その産卵前の鮭を獲る人で賑わう。浪江の請戸から会津に嫁いで来たという人にあった。六十後半と思われるその人は言った。

「今朝の新聞に、三月十一日の津波で亡くなった人の名前が載っていて、私の同級生の名前があったんだよ。ちょっとびっくりしたよ。私は浪江の請戸の生まれで、請戸は今回、原発事故の十キロ圏内だったのね。津波とダブルでの被害を受けたんだよ。もう、請戸は死んだ町になってしまった。これから、人の姿を見ることは決してないね。だって、立ち入り禁止の場所になってしまったんだから。もう、私の故郷は無くなっちゃった」

傍らで旦那さんが、

「海が近いもんな。これの実家に泊まりに行くと波の音が気になって眠れなかったな。二泊三日が限度。でも、そこで生まれた人には、波の音は子守歌みたいなものなんだべな」

「津波だけならね。でも原発事故となると元に戻ることは無理でないかな」

奥さんのあきらめた言葉に返す言葉もなかった。

子守歌を聞かせてくれる海が、いったん牙をむくと人間の創造を超えた津波となって人間を苦しめる。津波のもたらした、原発事故の余波は、ここ会津の町にも及んでいた。福島という名まえを聞くと、風評被害でホテルはキャンセルが続き営業が成り立たなくなっているという。パートで働いていた奥さんは、一番先にリストラされたと言った。新卒で入社が決まった人は、五月いっぱい自宅待機となったとも言った。

奥さんは小さいときに津波を体験しているという。昭和三十五年五月二十四日、その時は地震はなくて、津波だけがやって来たと言った。海の水が勢いよく引いていって海の底が見えるほどだった。前に年寄りから、津波が来る前は、海の水が沖にむかって勢いよく引いていくと聞いていたので、これは、きっとその津波が来るにちがいないと山の高いところに逃げて助かったと言った。考えてみると津波はいきなり来るので判断ひとつで生きるか死ぬかが決まってしまうと、しみじみと話していた。

四月十四日（木）

テレビのニュースで、避難した人が解放したであろう牛が浪江の海岸を四頭で走り回っている映像が流れた。昨日の会津の奥さんも浪江の請戸出身であった。この映像を見てはいないだろうかと思った。こんな形で故郷を見るのは辛すぎる。

三陸海岸は過去に三度大きな津波の記録がある。今回の平成二十三年三月十一日の津波が大きな津波としては四回目だ。

一度目は、明治二十九年六月十五日（陰暦の五月五日端午の節句）〈三陸海岸大津波明治二十九年〉。津波の前兆として三陸沿岸では大豊漁が続いた。それから、井戸の水が濁った。世界史上第二位、日本最大級。波の高さは三〇メートルで、岩手、宮城県で二七〇〇〇人が死亡。震源地は岩手県釜石町東方約二〇〇キロメートルの海底。午後七時三十二分三十秒。M８・２～８・５。

二度目は、昭和八年三月三日〈三陸海岸大津波昭和八年〉。前兆として、鰯の大豊漁が続いた。井戸の水が濁った。震源地は岩手県釜石町東方約二〇〇キロメートルの海底。午前二時三十分四十八秒。Ｍ８・１。

三度目は、昭和三十五年五月二十四日〈チリ地震津波〉。地震は五月二十三日午前四時十一分、南米チリ中部沿岸に発生。Ｍ９・５。日本から一八、〇〇〇キロメートル離れている。日本では地震の揺れは感じられなかった。この津波の特徴は、海面が膨れ上がってゆっくりと襲来したものだったこと。

五月十一日（水）

被災二か月後のテレビから。

三陸の河岸で魚の仲買の卸業をしている人が津波の被害を受けてすっかり事業が成り立たなくなっていた。しかし、彼は漁師と手を組んで、助かったパソコンを頼りに、獲れた魚を箱にいれて映像にしてインターネットで流して魚の完売に成功した。その彼にインタビューの人がマイクを向けて今の気持ちを尋ねた時、

「未来にちゃんと繋がっていると確認できた日」

と応えた。三陸沿岸の人達は過去に三度の大きな津波を経験した。しかし、人々は、津波の被害からしっかりと立ち上がった。

原発事故で放射線の数値が高く強制避難することになった、飯館村の人は、飼っていた牛を処分するために車に乗せようとした。牛は自分の運命を知っている

かのように車に乗ることを拒んだ。なんとか車に牛を乗せた。見送る飼い主は牛に声をかけていた。溢れる涙を拭きながら。そんな飯館村の人がインタビューの人に今の気持ちを尋ねられた時、

「今までやってきた自分の歴史がすべて消える」

と応えた。

今まで努力して培ってきた生活が白紙になってしまった飯館村の人の、胸をえぐられるような気持ちが伝わってきた。これは地獄だと思った。

五月十三日（金）

ラジオで、チェルノブイリの写真展示を埼玉県にある〈原爆の図　丸木美術館〉で開催していると聞いた。出かけることにした。玉川からのあぶくま高速道路を走る。料金所から白河の東北高速道路までの道路は、液状化現象で波を打っていた。また、途中、明らかに道路を修復したと思われる色違いの繋ぎ目が帯状に横切っていた。車はまるで波の上を走るようであった。福島の白河から埼玉までを走る車窓からは瓦が落ちて水色のビニールシートのかけられた屋根があちこちに見られた。田植えの季節であったので、田植えの準備をしている福島の状態から、埼玉に南下するにつれて田植えの済んだ田が多く見られるようになった。今年は放射線の数値を測って許可がでてからとのこと、いつもの年より田植えが遅くなっている。藤の花はそんな事情をしらぬがごとく、いつもの年のように咲いていた。車のナビの道案内で三時間二十分かかって〈原爆の図　丸木美術館〉に着いた。大人の入場料は九百円であるけれど、六十歳以上は百円割引、八月六日のヒロシマ原爆の日は入場料が無料になるということだった。

〈原爆の図　丸木美術館〉は、墨絵画家である丸木位里《いり》（一九〇一～一九九五）と洋画家である妻丸木俊《とし》（一九一二～二〇〇〇）が設立したものである。丸木位里は広島が故郷である。広島に原爆が投下されたとの知らせを聞いて、数日後に夫婦で駆けつける。そこで見た惨状の記憶や多くの被爆体験者の証言をもとに、夫婦共同製作で《原爆の図》を描いた。壁一面を使った大作が一部屋に四枚飾ってあった。《原爆の図》の展示された部屋は三部屋あって、一部屋は二つに間仕切りがあったので、全部で十五枚の絵が展示されていた。

これらの連作は当時大きな反響を呼び、世界二十か国以上をまわる巡回展が開催され、一九六七年に埼玉県東松山市に〈原爆の図　丸木美術館〉が開館した。丸木夫婦は三十年以上の歳月をかけて全十五部の《原爆の図》を完成させた。その一枚の絵につけられた解説に『被爆者は竹やぶに逃げた。服は破れて裸同然だった。夏なのに夜には冷たい雨が降った。寒さに震えながら、竹やぶで食べる物もなく生きながらえていた。その被爆者は八月二十六日、被爆から二十日後に息をひきとった。そして、その死体はやがて、台風がきて、海に流されて行った』とあった。位里の遺した言葉に「原発止めなければ原発に殺される」という言葉と『原発止めて、命が大事』という言葉がある。広島の原爆投下の惨状を見た丸木位里の魂の叫びだ。

今日は、写真家の広河隆一（一九四三〜）のチェルノブイリの写真展も観るために来たので、その展示作品を観た。死の町プリピャチの写真には、事故を起こした四号炉。キエフを中心とするさまざまなところに強制移住させられた人々。さらに、写真はセシウムとストロンチウムによって汚染されたロシア共和国ブリャンスク地方、ここノヴォジブコフもストロンチウムの猛烈な汚染地。その事実は四年以上も隠されていた。老婆の映った写真は三〇キロメートル圏内の村に住んでいる老人たち。野菜を栽培し、家畜を飼って自給自足の生活をしている。父祖の地をはなれたくないというこの人達は「サマショール」（わがままな人）と呼ばれている。この地に住む人は、甲状腺ガン、白血病で若くして死ぬ人が多い。先日のテレビで、この汚染された土地を浄化するために、ひまわりを植えるとひまわりがセシウムをかなり高い数値で吸収すると報じていた。菜の花も効果があるという。しかし、チェルノブイリ原発事故から二十五年過ぎた今も、これらの土地にはその影が覆いかぶさっている事実はぬぐいようがない。

一九八六年四月二十六日にチェルノブイリの原発事故があり、五月三日に京都大学原子炉実験所（大阪府熊取町）でチェルノブイリからの放射能が検出された。京都原子炉では約二十種類の放射線が検出されたという。チェルノブイリと日本とは約八、〇〇〇キロメートルの距離があるのにもかかわらずである。

今までに起きた日本国内における原子炉の事故

①**美浜2号炉**（一九九一年二月九日）　蒸気発生器細管ギロチン破断事故

②**もんじゅナトリウム漏れ火災事故**（一九九五年十二月八日）　試験運転中の高速増殖炉で、温度計のさやの棄損という想定外の箇所からナトリウムが漏

れ、すぐに激しい火災となった。火災の影響の大きさも想定外で、安全監査の破綻を明らかにした。もんじゅは、現在も停止中である。

③**東海再処理工場アスファルト固化処理施設の火災爆発事故**（一九九七年三月十一日）　低レベル放射性廃棄物をアスファルトと混ぜてドラム缶に固め込む施設で、充塡済みのドラム缶が発火、消火が不十分だったことから十時間後に爆発が起きた。労働者の被曝は三十七人、環境への放射線放出は、セシウム137で十億～四十億ベクレルと推定されている。発火原因は結局解明されないまま、同施設は閉鎖された。事故の隠匿工作が発覚し「動燃〔現・日本電子力研究開発機構〕改組」につながった。

④**JCO臨界事故**（一九九九年九月三十日）　高速増殖実験炉「常陽」のMOX燃料用18・8％濃縮ウランの均一化工程で管理量を超えるウラン溶液を沈殿槽に注入したことから臨界となり、およそ二十時間、臨界が継続した。JCOは事業許可取消処分を受け、工場は閉鎖された。

⑤**美浜3号炉**（二〇〇四年八月九日）　関西電力の美浜原発3号炉で、二次系

の配管が破裂して、中を流れていた9・5気圧・１４０℃の熱水が爆発的に蒸気となって噴出した。タービン建屋内の作業員が直撃を受け、四人が即死七人が全身やけどなどの重傷を負った。

⑥**柏崎刈羽原発事故**（二〇〇七年七月十六日）　午前十時、震度7の新潟県中越沖地震によって起きた。震度設計時の想定の3・6倍もの揺れが発生し、原発構内に多数の亀裂や地盤沈下が起き、火災対策の不備が露呈する。原子炉が止まる。火災発生、日本海への放射性物質の流出。

（丸木美術館の展示説明より）

胸が苦しくなるほどの展示物を見、解説を読んで〈原爆の図　丸木美術館〉』を出た。すると、都幾川《ときがわ》を見下ろす庭に、植木鉢に植えられた若木が一本あり、駐車場の花壇にも同じ若木が一本植えられていた。近づいてみると、名札がつけられていた。〈被爆アオギリ二世〉と書かれていた。このアオギリの親はヒロシマの原爆で被害を受けていた。被爆しながらもあおあおと芽を吹き返し、被爆者に生きる希望を与えた。原爆絵画展実行委員会はヒロシマに学ぶ埼玉子ども代表団を通して取り寄せた『被爆アオギリ』の種から苗木を育て、市内の中学校に植樹する運動を二〇〇一年より進めている。芽生えの季節の被爆アオギリ二世は命の光を発散して輝いていた。

車は帰路を辿っていた。東北高速道路を走っているときだった。黒磯まであと三キロメートルという午後五時二十分ころだった。カーラジオから地震警報音がなった。その後、

「茨城と栃木に地震が発生します。走行中の車は速度をおとしての走行を心がけてください」

そんなアナウンスはあったが、その後、なんの変化も感じられなかった。車が走っていると感じないのかと思っていると、カーラジオから、またアナウンスがあった。

「強い地震が発生した後に、強い地震が重なると揺れが小さくなることがあります。今後も地震通報には引き続きご注意ください」

そのときの、車窓から見える景色は黄砂のヴェールがかかって翳んでいた。この黄砂は中国から飛んでくるもの。ということは、京都大で感知されたチェルノブイリの放射能も同じように海を越えて飛んできたということだ。放射能の濃度を知らせるマップを見ると、実際には、距離ではなく、風向きが大きく関わっていると言われる。しかし、やはり海を越えて大陸から日本に飛んでくるというのは、なかなか実感には結びつかない。

チェルノブイリの放射能より、今は東京電力福島第一原子力発電所の事故の収束していない事実を、しっかりと認識しさらに、情報をしっかりと摑まなければならないと思った。

五月十八日（木）

芽吹きの春は茶摘みの春でもある。新茶で作る茶飯が食べたいと思った。大子《だいご》町《まち》には、茶畑がたくさんある。わが家のひよわな小さな一本のお茶の木も、おいしそうな芽を出していた。茨城県久慈郡大子町大字左貫《さぬき》に『和紙人形美術館』がある。館のある奥久慈茶の里公園の売店では当地で採れた農産物を売っている。美術館を観て、公園の売店で採れた農産物と、新茶の芽が売っていたら買おうと思って、楽しみに出かけた。しかし、公園は閉まっていた。近くのお茶屋さんに寄ると女将さんが、美味しいお茶を淹れてくれた。

「このお茶は去年の古茶なんです。今年は新茶は飲めないかもしれませんね」

「え、どうしてですか」

「三日前に通達があったんですよ。放射線を調べると、セシウムの数値が基準値以上なので、今年は茶摘みをしないようにということなんです。毎年、予約して下さっているお客さんがたくさんいるんですけれど、事情を話してお断りしているんですよ。例年なら、この家に、この近所のお茶農家からのお茶が集まって、大忙しで活気づいているころなんですよ。今年は霧の被害も無くて、いいお茶が採れると楽しみにしていたのに。とにかく、この新しく芽吹いたお茶の葉をどう処分するかも、通達が来てからでないと、なんとも動きが取れない状態なんです」

静かな静かな、今までには考えられない、あるはずのない春を迎えた大子町のお茶屋さんだった。帰り道の車窓から見えるお茶の新芽はつやつやと太陽の光を跳ね返していた。こんなに原発事故地から離れているところのお茶にまで、基準値を超えて放射線のセシウムが浸透しているのかと原発事故の恐ろしさを目の当たりにした思いで一杯になった。

五月十五日（日）の福島民報新聞には、『埼玉の狭山茶セシウム検出　基準値下回る』との見出しで、このような記事が記載されていた。

『埼玉県は十四日、狭山と所沢、入間の三市で十三日に採取した「狭山茶」の生葉から放射性セシウムが検出されたと発表した。いずれも食品衛生法に基づく暫定基準値（1kg当たり500ベクレル）を下回っており、健康への影響はないとしている。県によると、セシウムの濃度は468～258ベクレル。放射性ヨウ素はいずれも検出されなかった』

大子町の新茶葉にどのくらいの数値があったのかは知らないが、お茶の葉は、摘まれることもなく、今どんどんと勢いよく育っている。

学校では、放射線濃度の高い校庭の土の表面を削って、校庭の一箇所に穴を掘ってビニールシートを敷き、その中に削った土を入れている。校庭での運動も禁止になり、これから夏に向かってのプールの授業も見合わせるという。元気いっぱいに運動のできない子ども達は、その若いエネルギーを発散するところがない。きっとストレスもたまるだろう。子どもの安全を考えるのはもちろん、健全な体の育成も考える必要があると思われる。思いっきり体を動かす方法があればと願う。

七月二十九日（金）

いわき市立美術館に〈福岡アジア美術館コレクション展〉を観に行く計画があった。ところが朝から雨。少々出かけることが躊躇われたが予定通り出かけることにした。

美術館は空いていて、夫と私のみの入場者であった。あとから、一人二人と通り過ぎて行く人はいたが。私は解説を読み、進んでは戻り、戻っては進む。夫はそんな私に構わずに自分なりに観て歩く。だから、ゆっくりと二時間くらいの時間をかけて観て回った。

ある絵の素材に目が留まった。米汁・コンクリート疑似壁、作者は「ジッヴャ・ソーマ・マーシェ」とある。米汁を画面に貼り付けるためには米汁を温めて糊の状態にして貼り付けるのか、それとも膠《にかわ》のような粘着性のものを混ぜて貼り付けるのかという疑問を感じたので、部屋の隅に座っていた学芸員に聞いてみた。その女性は直観的に、作品に深い知識を持っていると思ったので。

「この米汁は画面に貼り付けるのに粘着性を出すために煮溶かすのかしら」

と聞いた。すると、

「この作品を作る人達は生活の中にあるものを使って表現するんです」

という。応えは私の求めるものではなかった。しかし、この美術館の人は、

「ちょっとこちらに来てみてください」

と私を誘う。その目の先には、ウダヤ・チャラン・スレスタという声に出して言うとなにやら呪文のような名まえの画家の絵。目の前の絵のタイトルは『シャクテイ』（宇宙の子宮〈力〉という意味）隣に飾ってあった絵も同じ画家の絵で『マハーラクシュミー』というタイトルが付いていた。二枚の絵は炎を感じさせる色彩と形の中にネパールの民族衣装を着た女の人が描かれていた。非常に躍動感を感じさせる絵だった。

「この画家の絵はビル・ゲイツも蒐集しているんです。値段もいいんですが。ビ

ル・ゲイツはこの画家の絵が好きなんですよ」

「富豪はお金を気にしないで買えるんですものね」

「ただ絵を観て通り過ぎてはわからないんですが、ここには宗教的なものも表現されているんです。この国には神様が沢山いるんです」

「日本の八百万の神々みたいにですか」

「そうです。いろんな神様がそれぞれの持っている力で人々を救うんです」

「考えてみると宗教には救いがあって、いろんな宗教にあるいいところを自分に取り入れるという考えもありなのかしら」

「一つの宗教に凝り固まらないで柔軟なものの考え方がいいかもしれませんね。人それぞれですからね。この作品には画家の思想や哲学も描き込まれているんですよ」

「作品の背景や画家の絵に込めた思いを知ると作品が近づいてきますね」

「百倍楽しめます」

「ところで、話はかわりますが、この美術館は東日本大震災の影響はどうでしたか」

「この、いわき市立美術館は建物がしっかりしているので四月末には通常通りに開館できました。ところが、年間の企画が三つなくなりました。まず福島のいわきというと依頼しても、絵を貸してはくれません。東京電力の福島第一原発から六〇キロ圏内なので駄目なんです。アメリカのスリーマイル島の原発事故では、今でも六〇キロ圏内には誰も住んでいないそうです。なので、アメリカは企画展の絵を貸さないと言ってきました。それからフランスとあともう一国ありました」

学芸員の人はそう言って残念そうな顔をしていた。

「いろいろとお話をありがとうございました」

「いいえ、ごゆっくりとご覧になって行ってください。あ、それから、もしよかったら、あさって三十一日に、福岡アジア美術館学芸課長の黒田雷児が講師で『アジア美術を語る』という講演会があるのでいらしてみてはいかがですか」

と言ってくださった。

それから、さらに展示品を観ながら先に進むと会場には『リキシャ』という自転車の後ろに人力車の人の乗る部分を付けた華やかに装飾された乗り物が置いてあった。日本の人力車がモデルになっていると書かれていた。

中国、ミャンマー、インド、タイ、シンガポール、ベトナム、インドネシア、バングラデシュ、ネパール、台湾、モンゴルの作品はやはりアジアの生活や文化の香りがした。欧米の作品とは雰囲気が違った。

いわき市立美術館で、音楽を鑑賞したこともある。美術館で音楽というと、ちょっと不思議な感じがするかと思うが、美術と音楽のコラボレーションもありだとあの時は思った。

あれは二〇〇八年六月八日のことだった。その日は池田満寿夫の絵が展示されていた。池田満寿夫は一九七七年に小説『エーゲ海に捧ぐ』で芥川賞を受賞し、一九七九年には『エーゲ海に捧ぐ』を自ら監督して映画化した。その妻でヴァイオリニストの佐藤陽子がその日は、池田満寿夫の作品の前で演奏をした。その作品は壁一面に京都でつくった豪華な金襴緞子を三着貼り付けたものだった。

佐藤陽子の演奏は、①バッハのシャコンヌ　②クライスラーの曲　③チャルダッシュ　④パガニーニの変奏曲　⑤アベマリア。どれも聴きごたえがあって、中でも特に近代音楽のように音があっちこっちと不協和音的に飛び散る曲を弾いた。弾いたあとで、

「亡くなった満寿夫は、この曲を聴いたあとで私に間違って弾いているんじゃないのかと言うんですよ。私はプロですからね。失礼しちゃうでしょ」

と会場の人を笑わせていた。演奏もよかったけれど、演奏の合間のトークも楽しかった。佐藤陽子は福島県の出身で小学生のときにヴァイオリンのコンクールで一位になり、天才少女と新聞に載ったのを、私は小学生の時に母から聞いたことがあった。天才少女はロシアに留学することになった。けれど、国際間の状態がなかなかそれを許さず、留学までにかなりの時間がかかったと言っていた。

「池田満寿夫は一九三四年生まれで、私は（佐藤陽子）一九五〇年生まれなので二人は十六歳年齢差がありました。満寿夫は二度目の結婚で最初の奥さんは、富

岡多恵子でした。しかし、恋の炎は満寿夫と私（佐藤陽子）という二人の男女の心を燃やし二人は恋におちました。私たちはそれぞれを大切に生活しました。二人の故郷は池田満寿夫の故郷は長野であり、私の故郷は福島です。どちらも林檎の産地で秋になると、どちらの故郷からも林檎が届きました。そのとき、満寿夫は私を気遣って「福島の林檎の方がおいしいね」と言ってくれました。これは、夫のやさしさと愛ですね。二人はそれぞれ一人の人間としても自立して活動をしていたので、二人で過ごせる共有の時間をとても大切にしていました」

二人は本当にお互いにお互いを大切にしていたと思われた。そんな佐藤陽子のその日の演奏は情熱的で聴く人の心を魅了した。三歳からヴァイオリン始めた天才ヴァイオリニストは人間としても自分の意思を貫き羽ばたいて生きてきたのだと思った。

2

一年過ぎて（２０１２年）

それぞれの東日本大震災

東日本大震災のとき、ここ石川町は震度5強だった。そして、私の友人である須賀川市在住の恵子さんと、国見町在住の洋子さんのところは震度6強だった。

東日本大震災があってから、一年の過ぎたある日、須賀川市の恵子さんから、洋子さんの行方を問い合わせる電話があった。

「洋子さんの行方がわからないんだけど、千佐ちゃんのところに連絡ないかな」

と言う。

「電話は通じないの」

「それが何度かけても通じないのよ」と恵子さんは言った。

そんな電話があってから、春が過ぎ、夏が過ぎ、秋が終わろうとしていた。そろそろ年賀状を書く季節になっていた。洋子さんに年賀状を書く。もし住所が移っていたら転送をしてもらえるかと思った。迷わずに今までの住所に年賀状を出した。新しい年を迎えて、一月四日に洋子さんからの年賀状が届いた。早速、年賀状に書いてあった携帯電話の番号に電話をすると、元気な声が返ってきた。電話をもらって嬉しかったと喜んでくれた。

「今度、須賀川の恵子さんと暖かくなったら、三人で会いましょう」

と電話を切った。

四月九日に三人で顔を合わせた。そのときに洋子さんは言った。

「一年経って、やっとね。あの地震の事が話せるようになったの。とにかく今までは現実の悲惨な自分のことで頭が一杯で何も考えられなかった。あのね、地震のときって、揺れの方向をしっかりと判断しないとあぶないのよ。私は台所の流しのところで揺れの方向と、反対の対角線の位置を確かめたの。この判断を間違えると落下物の下敷きになるのよ。結局、私の家は全壊したけれど、幸いに怪我はしなかったの。そんな訳で、なあんにもなくなっちゃって、着の身着のままで、埼玉の娘の出産手伝いに行ったの。赤ちゃんてこんなときだったからかすごい力を持っているなあと思ったの。あの小さな身体で周りの人にすごいパワーをくれるんだよ。未来がしっかり詰まっていて、その未来に、あかりを燈してくれるような気がしてね。感動をしたよ。娘はずっと一緒に暮らして欲しいと言ったけれど、これからのことも前向きに考えなければならなかったので、二か月くらいして郡山の長女の近くにアパートを借りての仮住まいの生活が始まったの。ところで、恵子さんの所の地震はどうだったの」

「あの日の揺れはすごかったよ。私の家の屋根瓦が飛ぶ様子を道路の向かいの人が見ていて話してくれたんだけれど、屋根の瓦はまるで円盤のように裏の畑に飛んで行ったんだって「あなた、外に出なくてよかったよ。もし、外に出ていたら空飛ぶ瓦に当たって大変な事になっていたかもしれないよ」なんて後で聞いて肝をひやしたんだから。千佐ちゃんのところはどうだったの」

「私のところは、本棚の本が飛び出して足の踏み場もない状態だったことと、お風呂場のタイルが少し剝がれ落ちて、それから天井近くの壁と柱の間から光が差し込んでいたの。びっくりしたよ。そんなくらいだったかな」

二人の被害に比べて私の被害が大したことがなかったので、申し訳ないような気がした。

二〇一二年九月、家が全壊した国見の洋子さんから、東日本大震災以前に住んでいた国見町に新しい家を建てたと新居移転の案内が届いた。彼女の震災難民の生活もピリオドが打たれたことを知って嬉しかった。

未来のあかり

賀状出せば震災難民友からの電話の声聞く雪降る朝に

去年今年《こぞことし》、世を吹く風は冷たくて友の行く末案ずるばかり

ひととせの過ぎて新たに胸塞ぐ3・１１それぞれの道

午前二時眠れぬままに満月の光を浴びてエバニールを飲む

静かなる時間《とき》は新緑に包まれて薄茶の泡に消えゆく思い

初物の枝豆届く六月の暑き夕餉にビールを開ける

涼しさを音で奏でる風鈴は沖縄生まれの貝殻細工

狭庭には甘きトマトが実りたり訪れし人の知恵かりたれば

―五百川は二本松で収穫した新米の銘柄―

検査機を無事通過する「五百川」育てし人の祈り届きぬ

軒下に夏を染むるか朝顔の花増やしゆくわが目の先に

抱きし赤子《こ》の命の確かさやわやわと表情変わるを飽かずに眺む

生れし赤子《こ》は新米ばあばの腕の中鼓動に見える未来のあかり

ひととせ過ぎて

二〇一二年三月十一日（日）

郡山開成山《かいせいざん》球場において『原発いらない！3・11福島県民大集会～安心して暮らせる福島をとりもどそう～』が開かれた。午後一時からオープニングコンサートがあり、歌手の加藤登紀子氏が登場した。東日本大震災の復興支援ソングに使われている、ザ・ビートルズの「All you need is love」とその他の何曲かを歌った。その日の午前中は晴れて暖かかったが、午後からは寒くなり、ときには、ぽつりぽつりと雨が落ちてきた。加藤氏は強い風の吹く中を球場の中央に特設された壇上に向かって力強く歩いて行く。黄色のスカートは薄地だったので風にひらひらと揺れていた。上着は防寒服のように寒さをしっかりと凌いでいる。歌いだされた歌声は球場一杯に響き渡った。ときには語りかけるようにトークを交えての歌は観衆の心を捉えた。空に向かって手を伸ばして歌った。その空に向けて握られた手は観衆と手を繋ぐためのポーズである。歌を通じて観衆の心が一つに繋がっていった。

加藤氏の歌の後には、大江健三郎氏の話が始まる。大江氏の後ろ側の外野席で聞いていた人から、

「聞こえなーい」

と声があがった。すると、大江氏は、

「どうすればいいでしょうか。なるべく大きな声で話します。はじめから話しますが僕の持ち時間は七分なので、話しきれるかどうかわかりませんが話してみます」と言った。その話の中で、

「あと、一、二度原発に何かがあれば、私たちは将来の人間にむけ責任がとれないことになる」

と言った。これはとても重要なことで、私たちがこれからしっかりと原発を拒否して未来を守っていかなければならないと思われた。

その後、六人の福島県人の体験した、苦しみや原発に対する思いが述べられた。六人の体験は様々で、六番目に主張した元教員で避難所、仮設住宅を六度も移り住んだT氏（七十二歳）の、

「十人には十人の、百人には百人の、千人には千人の違った苦しみがあった」

という言葉に多くの計り知れない苦しみが強いられたのだと改めて怒りが湧いた。また、六人の主張の中で共感を得た言葉は、津波は天災だけれど、原発は人災であるという言葉だった。

大きな津波は、今まで幾度か日本の三陸海岸を飲み込んだけれど、それでも、人々はめげずに立ちあがってきた。原発はその対処方法がない中での災難である。これからの方向性が見えず、不安な人生が待っているのである。どんな形で人間を苦しめるのか、その対処方法が解らないのである。毒を盛ってその解毒剤がないのである。

（四月六日追記）

そんな状態の中で、定期検査で停止中の関西電力大飯《おおい》原発3・4号機（福井県おおい町）の再稼働を巡り、原発閣僚会合は再稼働安全基準を了承するという。澤地久枝氏の「1000万人が嫌だと言えば止められる」（さようなら原発一千万人署名市民の会）が原発反対の声の実績をつくり、この署名の声を受け止めてもらえたらと切に祈るばかりである。

三月十三日（火）

わが家に（自主的避難等）賠償金請求書類が届いた。大人一人八万円。三月九日の新聞には対象は二十三市町村とあった。県内でも県南や会津は含まれなかった。「お金を払って口を塞ぐ」ということか。しかし、お金をもらっても放射線まみれの状態は変わらないのである。もっと、除染とか人々が生活をする上での問題点をしっかりと把握して一つひとつ取り組んで欲しいと思うのである。これから、どのような形で人体を襲うのだろう。姿の見えない摑みどころのない恐怖を覚えるばかりである。

（追記）後日、三月二十九日には福島県民、県南や会津の人たちへ五万円の補償が支払われることになった。

三月十四日（水）

福島空港で鯉アートのぼり展〈震災復興記念の幟旗〉の準備が始まっているというので見に行った。多くの人たちの祈りを込めた鯉のぼりが空港のロビーの天井を余すところなく埋めて飾られていた。そのロビーの入り口ちかくの壁に東日本大震災のあった三月十一日から、一か月の福島空港の航空着陸数の表が掲示されていた。デジカメを持っていなかったので、インフォメーションの方に航空機着陸数の表を戴けないかと伺うと事務所に案内してくださった。そんなことから、事務所の方から親切にその当時の話を聞くことができた。二〇一一年三月十一日から一か月で、福島空港を利用した人数は二万人にのぼり、飛行機を利用する人の長い列ができたこと。その当時は大阪と北海道のみの運航であったが、東日本大震災後は、臨時便（救援機）が運航され、神戸や羽田にも運行したこと。羽田

2011年3月 震災前後の福島空港 航空機着陸数

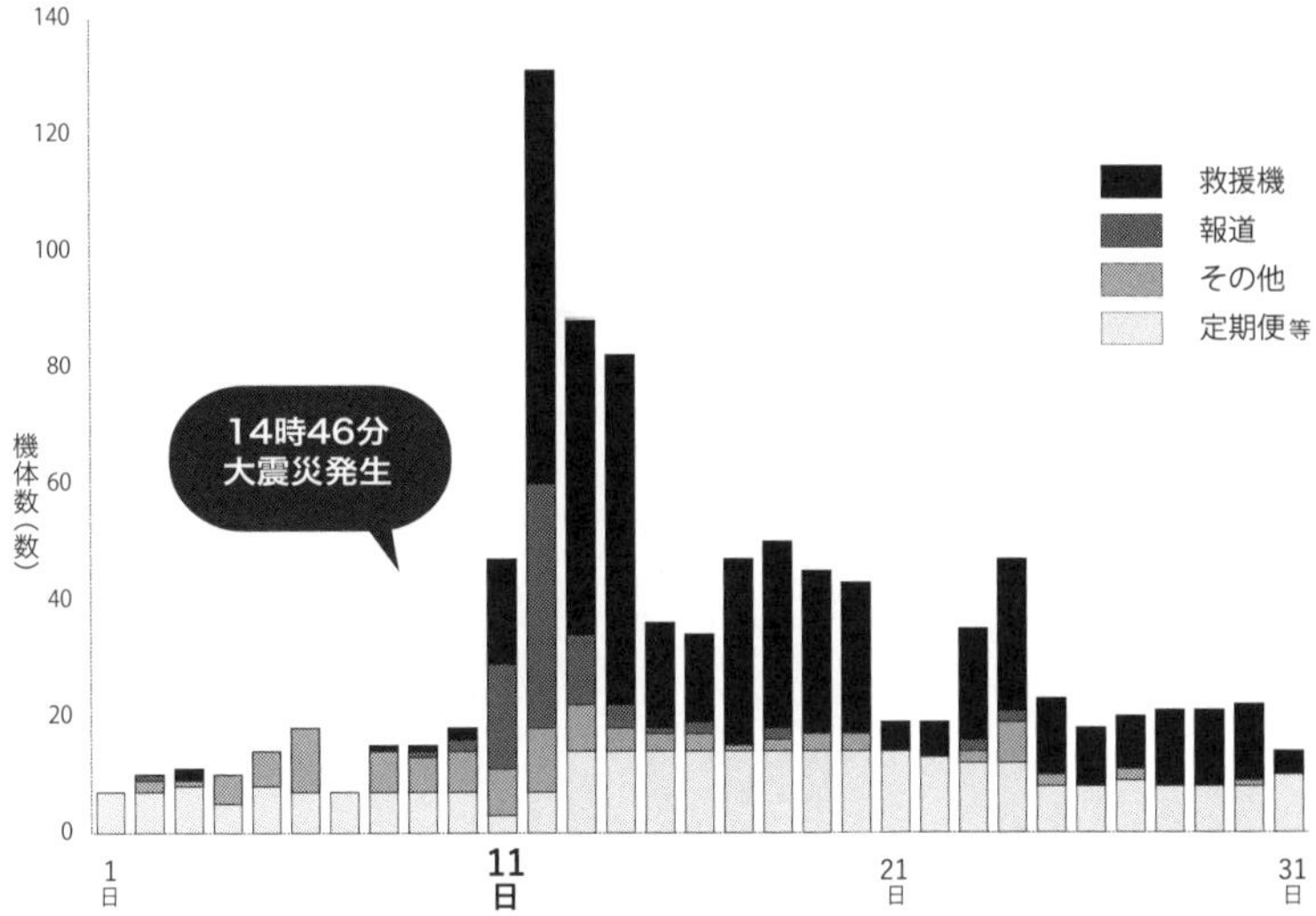

行きの便を利用した人は、利用者の半分で、約一万人であったことなどである。このとき新幹線は不通で地域を走る水郡線も不通になっていた。人々は自家用車で空港に来て、飛行機を利用して福島を脱出していた。これほどの人が県外へ流れていたのかと思うと驚きはあるが、それは安全を願う人々の切実で当然な思いの表れであると思われた。

三月二十八日（水）

夕方のテレビのニュースから知ったこと。川内村は警戒区域解除になり郡山の小学校に避難転校していた川内村の小学生三十名の児童が、新学期から川内村の小学校に戻ると報じていた。三十名というのは震災前の全校児童の六分の一だという。その頃テレビを通じて、佐藤県知事が、双葉郡の人々に地元に戻るように呼びかけていた。川内村は私が何年か前に出かけたことのある村である。

二〇〇九年六月二十六日（金）

川内村の廃校になった小学校で絵やキルトのパッチワークの作品、それから、木工作品が展示販売されているから、一度見てみるのもいいかも。楽しいから。と姉からの電話があった。早速、夫の運転で出かけた。いわき市から海岸に沿って車を走らせた。途中、楢葉町のＪヴィレッジで休憩をとり、川内村に着いたのは昼食どきで沿道に幟を立てた〈川魚宮坂《せんぎょ》〉で川魚定食を頼んだ。注文を受けてから、生け簀の山女《やまめ》を捕ってきて刺身にしてくれた。活きがいいせいか刺身は少し甘みがあって美味しかった。お店は玄関でスリッパに履き替えて食堂に入る。炉には自在鉤がかかっていて、炉の回りがテーブルになっていて腰掛けて食べるようになっていた。店の主人馬場美代《よしし》さんは元、大工で六十になったので高いところはもういいとリタイヤしたと言っていた。今は、魚獲りと食堂に精を出しているそうだ。話の好きな人で、自分の生い立ちを話してくれた。小学校前に石川県からこの川内村に移り住んだという。そのころから、魚獲りを始めたキャリアのある人である。魚捕りは魚の気持ちと人間の魚を獲る気持ちとのかけひきで、馬場さんは魚の気持ちが分かるから、魚をたくさん獲ることができるんだと言った。この家は大工だった馬場さんが建てたもので、築十年の家は柱も造りもとてもしっかりとしていて、まさに木の家は気持ちが落ち着き快適だった。食後帰ろうとすると、

「コーヒーを飲んでいきな」

と缶コーヒーを持って来てくれた。

「涼しいところで飲みな。いいところを案内するから」

と大樹の下にある椅子に案内してくれた。木の箱が何個かあり、盛んに土蜂が出入りしていた。ここで土蜂の蜂蜜をとると言う。この土蜂の蜂蜜に百十匹の熊ん蜂を入れて三か月たった液を飲むと疲れがとれると、さっき食堂で食後にご馳走してくれた。グラスに熊ん蜂を一匹入れてくれたけれど、さすがに蜂は食べられなかった。しかし、蜂蜜のお湯割りは話の効用を聞いたせいか元気をもらったように思った。

缶コーヒーを飲む涼しい大樹の下で土蜂はあいかわらず羽音を立てて飛び交っていた。

「土蜂は、今、お腹が一杯だから決して人を刺したりしないよ。人間だって同じ。懐がたっぷりしていれば、無暗に人をだまそうなんて思わないもんだよ」

と馬場さんは群がっている土蜂に手を伸ばした。

「また、こっちにきたときは寄っていきな」

と言ってくれた。馬場さんの「寄っていきな」でもう一つ思い出したことがある。

食事が済んだ時、小鳥の鳴き声が聞こえてきた。

「あれは不如帰《ほととぎす》の声」

と私が聞くと、馬場さんの奥さんが、

「あの、不如帰の声はまだ若いね」

と言った。すると、土地の人かと思う人が食事をしていて、その人が、

「子どもの声だな。一丁前になるには、もう少しかかるな」

すると、馬場さんが続けて言った。

「ここ川内の不如帰は、寄ってけと鳴くとみんな言っているんだよ」と。……土蜂の隣でコーヒーを飲んだあと、〈川魚宮坂〉を後に天山《てんざん》文庫[*1]に行った。

天山文庫は阿武隈民芸館が管理している。私たち二人の来館にいろいろと親切に話しかけてくれる。無料で使ってもいいと音声ガイドを貸してくれた。帰りには七月十六日は天山祭りがあるから来てみたらいいと誘いの言葉をかけてくれた。

ゆっくりと流れる時間の中では、人間の心の中に、そして、私の心の中に、やさしい風が吹き渡るように思われたひとときだった。

次に姉からの情報のあった、川内村の廃校を再活用して作られた『山間地域活性化プロジェクト〈ひとの駅かわうち〉[*2]』に行った。元小学校の広い校庭に車を停めて、建物に入る。ここも私たち夫婦の貸し切りで教室単位で飾ってあるものがそれぞれの主張をしていた。キルトのパッチワークがあったり、写真があったり、絵が飾ってあったり、木工作品が置いてあったり、廊下には懐かしい足踏みのオルガンが置いてあった。こんな贅沢な空間をいくら平日とはいえ、私たち二人ではもったいないと思った。すっかり見終わって、受付の隣のお土産を売っている教室でコーヒーを御馳走になりながら四方山話をした。この事務局の斎藤さんは元、大工さんで仕事が少なくなって木工作品を作るようになったという。さらに、定休日は、月・火・水・木曜日とあり、この土地のゆとりのある時間の流れにまたまた驚いてしまった。ヒマラヤの塩はここで買ったものだった。帰りは平伏沼を見て帰る予定だと言うと、斎藤さんの奥さんが平伏沼までの道順の地図を描いてくれた。

　平伏沼の駐車場から平伏沼までは一八〇メートルの道のりがある。山道は一人がやっとという細い道で春蟬が静かな空気を震わせていた。辿り着いた平伏沼の周りには水楢の木があり、水楢の木の枝にはソフトボールほどのシャボンの泡のようなものがくっついている。この泡の中にモリアオガエルの卵が入っているという。ここも、私たちの貸し切りだった。〈沼には自然保護のためにあまり近づかないでください〉と看板にあり沼を一周する道もあった。

平伏沼を見ての帰り道はナビも効かない森の中の青葉のトンネルをひたすら走る。それでも道は一本道なので不安も覚えず山道を下って帰路に着いた。

注記

＊1 **天山文庫** 昭和二十八年、平伏山頂の沼に生息する「もりあお蛙」の縁で村を訪れるようになった詩人草野心平先生。村びととのつきあいも長くなるにつれ信愛は深まり、昭和三十五年、村あげて名誉村民に推薦したところ、ありきたりでない名誉村民ならと心よく受けられた。名誉村民条例に基き、村は毎年木炭百俵を贈ることになり、そのお礼にと先生から蔵書三〇〇〇冊が寄贈された。それを機に文庫建設の機運が盛り上がり、村民が一木一草を持ち寄って昭和四十一年七月に完成させた。文庫に「天山文庫」と名づけられたのは、アジア大陸の極奥部をつらぬき、東洋と西欧文明交流の道となったシルクロードにそびえる天山山脈に

なぞらえてのこと。文庫を通して、みちのくと中央の文化の交流、人と人との出会い、融合の願いをこめたものである。

＊2　ひとの駅かわうち　福島県双葉郡川内村にある、廃校を利用した美術館。あぶくま高原の旅の入口。ギャラリー、アトリエとして利用され、美術作品の保管・展示即売も行っている。

二〇〇九年七月五日（日）

初なりの胡瓜を夫と半分ずつマヨ味噌で食べた。マヨ味噌とは、マヨネーズと味噌を混ぜ合わせたもの。そして今朝の収穫はというと、胡瓜二本とミニトマトのアイコが六個、それにレタスを一株抜いた。これで朝食のサラダの材料は確保できた。などと幸せを感じていた。

そんな朝の収穫の喜びを感じていたころは、一本の胡瓜も愛おしい存在であった。真っ直ぐに成長した胡瓜は皮も柔らかくてマヨ味噌を付けて食べたら最高だった。バリバリと口の中で形をくずし、胡瓜は小気味よい音を立てたあと体の中に入っていく。我が家の胡瓜には品格があると夫と話をして満足していた。庭の畳一畳ほどの広さに植えられた二本の胡瓜は朝に五本採れ、夕方には三本採れるほど良い成績で実を付けた。ところが、野菜作りに素人の我が家でこれだけ採れるということは、毎年、野菜を作っているベテランの家では、我が家では考えられないほどの収穫があるということだと、思い知らされることになるのはこの後のこと。やがて、胡瓜、トマト、茄子は我が家の需要の域を越えた量があちこちから届けられた。冷蔵庫の野菜庫に納まりきらず、胡瓜は塩漬に七十本、茄子は連日、味噌汁に、煮物に、焼き茄子に、漬物にと食卓に上がるようになった。

トマトは真っ赤に完熟した大きなものが三個（他にもまだ、袋の中にたっぷりとある）。今日のお昼はこの完熟トマトを使って何か作ろうと思ったとき、先日〈はなまるマーケット〉（ＴＢＳ系列の朝の生活情報番組）で落合務シェフがパスタのソースに完熟トマトを使っていたことを思い出した。あのソースを作ってパンに付けて食べることにした。庭からバジルを採って来る。トマトは頭に十字に切れ目を入れて熱湯にくぐらせると、あっけなくつるっと皮が剝けた。フライパンにオリーブオイルを温めて、スライスしたニンニクを炒め、玉ねぎを炒め、挽き肉を炒め、次に湯剝きして小さく賽の目に切ったトマトを入れて、塩、胡椒を入れてトロッとするまで煮詰める。そこへ、私のアレンジでそばつゆを入れた。ほんとうはコンソメを入れたかったのだけれどなかったのでそばつゆにした。どんな味になるかと心配したけれど何とか食べられる味になった。この時に使った塩がヒマラヤの塩。この大地の恵みの塩を、ヒマラヤの人は高価なので使えないという。この塩は六月二十六日（金）に川内村に行ったときに買ってきた塩であった。

二〇二三年川内村。原発事故からの復興事業として、現在は葡萄の苗木を植えて、葡萄酒造りに取り組んでいる。

四月五日（木）

郡山市に住む姉との電話である。郡山市は線量が結構高い。話題はやはり食物に含まれるセシウムの話になる。姉の知りあいの方が、四月になって自家製の干し柿の線量を調べてもらおうと地域の公民館に持って行ったところ、１００ベクレルあったので、公民館でベクレル数値を量ってくれた人が、「三月までだったら食べられたけど、四月からでは食べられないね」

と言ったとか。笑い話のような話である。宮城県の椎茸も茨城県の筍も１００ベクレル以上なので市場に出すことができないという。それで姉は福岡産の筍を買ったというが、かなりな高値で売られていたという。

四月二十五日（水）

四、五日前に開花二分咲きの樹齢千年の三春の滝桜がＮＨＫで放映された。一時間に渡る特別番組であった。ＮＨＫの朝ドラ『梅ちゃん先生』のヒロインの母親役の南果歩氏と三春在住で作家の玄侑宗久氏と三春の仮設住宅に移り住んでいる二人の避難者とアナウンサー、五人での滝桜の前での中継であった。富岡からの方が住んでいる仮設住宅は、この滝桜まで歩いて来るほどの距離であると言っていた。富岡には〈夜の森の桜〉という桜並木があって、滝桜を見て〈夜の森の桜〉を思い出すと言っていた。このところ寒さが続いていたので生中継の桜は開花を足踏みしているようであった。夜桜はライトに照らされて開花を待つ蕾はその色を赤く濃く染めていた。

今日は三春町の方から滝桜に車で向かった。四キロ手前で、〈ここから渋滞しています〉との表示があった。車の速さは人の歩く速さよりも遅い。滝桜まであと二キロという所まで来ると、〈これより所要時間は一時間三十分〉と書かれていた。天気予報によると明日は雨となっていたので、今日は大勢の人出になったのだろう。二キロ手前で車を降りて、歩いて行く人が見られた。歩く人が車をどんどんと追い越していった。それにしても今日は水曜日の平日である。リタイアした年齢の人もいるけれど、けっこう若い人もいる。土、日、休日という昔の休日の在り方が今は変則的に変わっているのだろうと思った。

忍耐に忍耐を重ねてやっと滝桜鑑賞の駐車場に着く。駐車料金はかからないけれど、観桜料が大人三百円ほどかかる。プレハブ住宅のような建物の中で自動販売機で求めるようになっている。その自動販売機の横に〈今日の開花は五分咲きです〉と掲示されていた。そういえば、昨年四月二十一日に滝桜を見に来たときも確か五分咲きだった。原発事故のあった年で車の渋滞はなく桜を見る人の数も少なかった。ところが今年はどこのテレビ局なのか今日もテレビカメラがセットされていた。連日三春の滝桜はニュースに取り上げられて今やビッグスターであった。滝桜は蕾の中に希望を繋ぐ未来を抱いているようだった（次の日のニュースで滝桜が取り上げられたときのこと、二十五日に滝桜を訪れた人の数は一万六千人であったと報じられた）。

人々の心に桜の花は癒しを宿すのだと桜を眺めている人の顔の晴れやかな明るさに共感していた。時の流れは誰にとっても平等であるけれど、一人一人の人生の流れは、十人には十人の、百人には百人の、千人には千人の、万人には万人の生き方暮らし方があり、そして、ときには信じられないようなことに出合うものだと思う。でも、命の続く限り悪いことばかりではないと思う。誰かの言葉に、

「生きてるだけでまるもうけ」

そんな言葉があったように思う。あっけらかんとした気持ちで、人生の流れに身を任せてケセラセラと生きていけたらいいかなと思っている。

3

あれから二年（2013年）

今を見つめん

春嵐　夜のしじまに鳴く風はフクシマの里を憂えて鳴くや

変わりゆく世の行き過ぎに立ち止まり今を見つめん命ある今を

―平成二十五年三月二十三日「原発のない福島を！」あづま総合体育館にて―

吾妻嶺に兎うさぎ雪うさぎ原発反対の声を重ねつ

山椒の若芽の目覚めに息合わせ佃煮作る鰊を漬ける

―平成二十五年七月二十七日―

雷とゲリラ豪雨をものとせず歌会の欠席者は一人もおらず

蜩の声聞く窓辺にペンを取り今日の出来事を日記に記す

改築の槌音響く鯖雲が見るから屋根は海色にする

出づる湯のあふるる湯の面ゆらめきて光を反射《かえ》す壁一面に

雨上がりこぶしの里に菜を買えば自慢料理を教えてくるる

吹く風に葉が落とされて色づける柿の実よっつ姿をさらす

チューリップ蒔かんと土を起こしゆく小春日なれば汗滴りぬ

病院のシンボルツリーの欅の葉当たる夕日に秋色を増す

待ち人はスカイプに乗って現れる四足歩行の育ちゆく幼

抽出しの奥より出でし便りあり亡き母の文字「元気ですか」と

記憶のアルバムから

今年の夏は特に暑く水不足になり、町内放送で節水の呼びかけがあった。そんな状態の中で七月二十七日はゲリラ豪雨があった。当日は、〈じゅんじゅんの会〉（前身は辺見じゅん主宰の弦短歌会福島支部。辺見の没後も活動を継続）の歌会の日でもあり、欠席者が多いかなと思いつつ、小降りの時を見計らって、会場である石川公民館に出かけた。心配した欠席者はなく、十五人全員の参加であった。会員の短歌に対する熱い思いが見えた。

短歌を作ることは、生きることへの確認になっていると、この頃つくづく思う。

集うことの楽しさ、そして短歌の作れないときの苦しみに光を差してくれるのは、やはり仲間の引っぱりがあるからだと思う。自分の生きる、日々の思いを文字にして短歌にして残すことによって記憶のアルバムが作られていくような気がする。昨年『歩き続けるⅡ』（じゅんじゅんの会の同人誌）が発刊されてから一年の、記憶のアルバムを繙いてみると、私の一年が蘇って来る。

三月二十三日、福島のあづま総合体育館で「原発のない福島を！県民大集会」に参加した。福島の高速道を下りてあづま総合体育館に向かう車のフロントガラスから大きく吾妻小富士の雪うさぎが見えた。早春、山肌の残雪がその形に見えることから、農作業を始めることを告げる雪うさぎも、農作業を始めることに、心からのGOサインを出していいものかどうか困っているように思われた。

会場には全国から七千人が集まった。昨年の開成山野球場の原発反対集会には一万五千人が集まったことを考えると、まだ原発事故はいろいろの問題を抱えているにもかかわらず、時間とともに人々の意識は薄らいでゆくのかと寂しさを感じた。そして今日は大江健三郎氏が来ることになっていたが、風邪のために来ることができず、かわりに、鎌田慧氏が来て話をした。さらに高校生平和大使（南相馬氏出身）の高野桜さんは自分の体験を通して、今、一週間に一度帰ることのできる我が家は、帰る度に動物に荒らされている。そんな現状にやりきれない思いが募ると訴えていた。桜さんは今年の春から県内の大学に通うことになったと話していた。受験勉強もままならない環境の中でのことであった。

私は思う。まだまだ問題をかかえている現状を、賠償金で解決するのではなく、五年後十年後の生活の構築をめざす環境を整えることが大切な解決策の一つになるのではないかと。

今年も、我が家の庭のミニトマトはたくさんの実を付けた。訪れた人はあまりの鈴なりに一様に驚いて帰って行く。植物でも環境が良ければ立派に実を付ける。この福島の地に育つ子どもたちにも、少しでも良い環境を作って、すくすくと育っていって欲しいと願わずにはいられない。

東北電力は家庭向けで九月一日から八・九四パーセントの値上がりとなった。

二〇二〇年に東京でオリンピックが開催されることの決まった日に。九月八日記

4

あれから三年（2014年）

命の匂い

雨降りて胸につかえる事あれば目覚めは早きおだまきの花

風光るキョロロン村の草の波犬牽く奥さん歩みをとめる

初生りの胡瓜一本もぎとりて手の平つつく棘に気づきぬ

今年また栗の花咲く隣家よりいと生臭き命の匂い

軒下の巣に籠もりいるつばくらめ指折り数え孵化の日を待つ

新しき命を得たる母燕ちょんと頭を上げて抱きいる

日常の暮らしのなかに燕の巣命育つを何度も確かむ

颯爽と餌を運びくる親鳥を待つ子燕のかしましき声

わが子らを訓《おし》えたまいし師も逝けり九十五歳の顔安らけし

幼子を抱きて我が家を訪れぬ少女時代の子の輩《ともがら》が

ゆくりなく友よりの電話懐かしく春のひととき時間を忘る

—三月八日、原発のない福島を！県民大集会—

吹雪くなか原発反対三年目磐梯熱海の集会へ行く

原発の反対叫ぶ集会で安全線量の野菜を買いぬ

汚染水流るる東京電力の収束工程遅遅と進まず

子どもに未来を

三月八日、原発のない福島を！県民大集会が、①ユラックス熱海（郡山市メイン会場）②いわき市文化センター③福島県教育会館（福島市）の三会場で開かれ、合計五三〇〇人が集まりました。当日の朝、会場の熱海に近づくにつれて雪が激しく降り出しました。駐車場から会場までのわずかな距離で、頭に雪が積もるほどの降りようでした。会場のロビーでほうれん草と苺を売っていました。ほうれん草は糖度も高く生でサラダとして食べることができると言っていました。試食の苺も甘くて、私は安全であると確信して買いました。当日は、大江健三郎氏の

講演がありました。大江氏は、

「原発は無関心だった大人の人は戦争に対しても無関心に国のいいなりだったことと同じであり、無関心であってはならず、原発についての知識を持ち、未来に生きる子どもたちに責任を持って対処すべきである」

と、話されました。集会の最後には、

「福島県で原発は将来も行わず、自然エネルギーなどの研究開発拠点にせよ」

との集会宣言を採択して終わりました。

東京電力の原発事故から三年が経ちました。チェルノブイリの事故では四、五年後それよりも時間を経て甲状腺の異常が出てきています。福島の子ども三十万人を対象に調べた結果、二〇一四年二月七日発表では、甲状腺がんの疑いのある子どもの数は七四人（確定者三三人）でした。その半年後の八月二十五日の発表では、一〇四人（確定者五七人）と増加しています。五〇万人という人数の中での一〇四人ですが、少しずつ増えています。

子どもの甲状腺がんは、進行が遅く、かつ若いほど治療成績がよいということです。しかし甲状腺がんの疑いがあるとか確定だとか、そう言われた子どもや家族は、原発事故さえなかったなら、ときっと思うに違いありません。そんな苦しみを思うといたたまれない気持ちになります。ひたひたと背後から原発事故による、不気味な足音が近づいてくるようでやりきれない気持ちになるのです。

さて、今年の夏は「平成二十六年八月豪雨」という名まえがつくほどに全国各地で豪雨が続きました。八月九日は甲子園の開幕の日でしたが、台風十一号が来たために二日遅延しての開幕となりました。広島では、十九日深夜から二十日未明にかけて局地的豪雨がありました。この土砂災害を引き起こした豪雨によって、七十三人が死亡し一人が不明となっています（九月九日現在）。三年前の大震災以後も新たな自然災害が多発しています。原発事故はどんどんと過去になっていきます。しかし原発事故の被災者の方たちの問題は解決していないのです。汚染水漏れの問題も続いています。

「原発についての知識を持ち未来に生きる子どもたちに責任を持って対処すべきである」

と言った大江健三郎氏のことばが、熱く強く心に迫ってきます。

テニス全米オープンで錦織圭選手が準優勝をした日。九月九日記

5　あれから四年（２０１５年）

四年

詠めなくて辺見先生の遺したるエッセイ読めば学べと諭さる

落ち着かぬ気持ちをどこに休ません三時の紅茶をゆっくりと飲む

思い残すこと無きがよし有りがよし林檎がひとつ落ちてニュートン

雪降れど病後に春の兆しありそんなあこがれ色の三月

アスファルトの道の逃げ道揺らめく日人類溶かす地球を溶かす

暑き日にビール一気に飲みしあと体がほつほつ熱くなりゆく

トマトにも個性がありて一つずつ微妙に違う味も香りも

見舞いにと友よりの便りあな嬉し春は曙オムライスうまし

縁日の子ども相手のホテルマン子どもに合わせ無邪気な笑顔

階段を車椅子持ち下りるとき青年寄り来て替わりてくれぬ

今ここに平穏な暮らしあるものを安保法案きなくさき日々

悲しみを胸に抱きし人々の戦後七十年の苦悩忘るまじ

収束の報道いまだ聞かぬまま原発事故より四年が過ぎぬ

会場に太鼓の音は響きたり原発反対六五〇〇〇人の息吹

壊してならないもの

平成二十三年三月十一日の、東日本大震災によって引き起こされた原発事故。あれから四年半が経つ。毎年、原発のあった三月ころに「原発のない福島を！県民大集会」が開かれる。今年も三月十四日に開催された大集会に参加した。この集会には、いままでいつも雪が降った。あの原発事故を引き起こした東日本大震災の日の雪を思い出させるかのように。

八月十一日に鹿児島県の川内《せんだい》原発が再稼働した。福島第一原発（東京電力）では八月二十六日に、汚染水が一日に三百トンも漏れ出るという事態を引き起こしています。浪江町は原発事故によって百年間は住むことが出来ないであろうといわれている。このような現実を前に未来に不安を感じないのであろうかと、再稼働することを許せない気持ちになる。

「2015原発のない福島を!県民大集会」では、あづま総合体育館に六五〇〇人が集まった。連帯の挨拶では、落合恵子氏が挨拶をした。三十九度の熱と咳をしながらの挨拶だった。その話の中で『沈黙の春』を例に原発事故の怖さを話された。集会から帰って『沈黙の春』とレイチェル・カーソン著のもう一冊の本『センス・オブ・ワンダー』を読んだ。

『沈黙の春』で思い知らされるのは、農薬の誤った使い方をした場合、自然連鎖が壊れ、動植物の生態系が壊れ、人間と自然とのバランスが壊れる、ということ。原発事故は農薬を誤って使うことと同じ、いやそれ以上の災害をもたらすと思った。『センス・オブ・ワンダー』は自然の美しさを写真がとらえていて、その美しさに命の輝きを見た。人間は自然から食の恵みをもらい、その美しさから心に潤いをもらっている。自然が病むようなことをしてはいけないと思った。

原発事故によって輝きを失い荒れ地となった「双葉バラ園」の現在の映像を見た。二万坪のバラ園は、個人の施設としては国内最大規模と言われ、年間五万人の入場者があった。岡田さんは薔薇を娘のように思って世話をした。五十年という長い年月をかけて美しいバラ園を造りあげた。ところが、原発事故後は帰還困難区域となり、バラ園の輝きは失われ閉鎖となっている。ときどきバラ園を訪れる岡田さんは、今の現状を原発事故前の状態に戻すためには、どのくらいの年月がかかるのだろうと思案する。さらに、

「まず、自分が生きているうちに回復することはないだろう」

と言った。

人間が使う電気、生活に必要な電気を作るために、原発という方法を取り入れた結果の原発事故である。この頃よく目にするのが、ソーラーパネルである。各家庭の屋根に、福島空港の空き地を使って、車で走ればあちこちに設置されているのを見る。電気を作る方法はいろいろある。自然を壊すことなく人間の命を脅かすことのない方法があるのである。人間と動植物が安全に共存できる選択を望

むのである。

二〇一五年九月十五日記

6　あれから五年（2016年）

ハランベー

五年経て六千人が集いたり復興途上の福島の春

七月の縁側にふたり夕日浴びセツ子さんのことば我に寄り添う

頬濡らす三月の雨冷たくて笑顔やさしき歌友の遺影

重圧より逃れんとして老親を殺めし介護のドキュメントを見る

見通しのつかぬ作業を繰り返す解き放たれるを望む介護者

―三月九日に石川町からバスを連らねて久之浜町へどんぐりの木の植樹に―

アフリカのグリーンベルトの風が吹く「ハランベー」マータイさんの声が聞こゆる

―吉田博展を観て―

海越えてダイアナ妃の部屋飾りたる「光る海」とう版画まぶしき

金メダル手にして微笑む体操男子リオデジャネイロに日の丸上がる

息を飲む４００リレーのバトンパス金より重きリオの銀メダル

光差す椅子に座りて待ち合わせ万次郎コーヒーの香りの中で

昨日着た服は洗われ陽を浴びる次に着られる日を待ちながら

水分を補給せんと飲む梅ジュース濃いめの酸味に細胞目覚める

蚊の羽音を耳元に聞く寝入り端かゆみにたたる夏の夜の夢

日照りには日照りの心配雨降れば水害のニュースほどほどなれと

ドングリころころ誘われて

ＮＰＯ法人ふくしま風景塾・仲田種苗園（いわき市石川町）仲田司さんの依頼で、子どもらが学校でドングリから苗木を育ててきた。そのドングリの苗木を植えるため、三月九日に、教育委員会の呼びかけで町内の三つの小学校の六年生と教員、中谷地区の役場職員ら関係者が、久之浜地区では久之浜第一小学校の五年生と同地区関係者が一緒に植樹する植樹祭に夫が参加した。久之浜町は太平洋を臨む福島県の浜通りの町である。

こうして今年三月に植樹されたドングリの苗木はどうなったのかと思い、九月十五日にドングリの苗木を見に出かけた。途中、浜風商店街に寄った。久之浜第一小学校の校庭の片隅に町の行政の勧めで二〇一一年九月三日に開店した仮設の商店街である。駄菓子屋、理髪店、スーパー、魚屋、食堂、スポーツ店、建設設計事務所、久之浜情報館、その他合計十一店での出店であった。この浜風商店街があれば日常の生活が支障なく送れるようになっていたが、この商店街は来年の三月で閉じることになっている。

久之浜町は東京電力の原発から三〇キロ圏内のところであるが、原発事故当時に風は北に向かって吹いていたので、原発から南に位置する久之浜町の、線量はあまり高くはなかった。しかし、津波の後に大火災に見舞われ多くの犠牲者が出た。

久之浜町は夫の教諭としての初任地で浜風商店街に知っている方がおられた。その知人のSさんの話を聞くことができた。Sさんの家は津波に呑まれた。津波の高さは八・五メートルあって、自宅の鴨居まで水が上がったそうである。被災三年目に久之浜第一小学校は正常に動きだして、校舎からの子ども達の声を聞いたときは嬉しくて涙が流れたそうだ。また夫の教え子のお兄さんは、いわき市市議会議員であった。津波の来た日に住民の安否をたしかめるために出かけて帰らぬ人となった。二年前に指一本が発見されＤＮＡ鑑定で高木議員の指であることが判明した。

私と夫はその後、お昼時でもあり浜風商店街にある、からすや食堂に入った。お店の人が、

「どこから来たんですか」

と声をかけてくれた。そのときお昼を食べに来ていたOさんも被災者でふたりで三月十一日からのことを話してくれた。

「地震があって三十分後に津波が来てね、真っ黒い波が壁のように押し寄せて来たんだわ。速かったね。さらに、火の手が上がって六十三人が亡くなったんだよ」

「支給されたおにぎりは冷たかったので、おにぎりの海苔をはがしておじやにしてね、彩りに青菜が欲しいと思ったら、新聞紙に包まれた支援物資のアイスプラ

ントを見つけたから、それを上に乗せたら、みんなが喜んでくれたんだ」
五年という過ぎた時間が、生々しい事実をオブラートで包んでくれたように、心を落ち着けて聞くことができた。帰りに海よりの防災緑地の盛り土の工事中である、ドングリの苗を植えたあたりを歩いてみると、ドングリの苗木は膝くらいまで伸びた草の中で育っていた。またいつかドングリの成長を見に来ようと思い帰路についた。

二〇一六年九月記

7

あれから六年（２０１７年）

六年の時間《とき》過ぎゆきて

電話鳴り受けてまたかけ何度でもドラマのごとく話織り継ぐ

音の無き朝のキッチン俎板の音弾ませて葱刻みおり

白き息吐きて夫は「ゴジラだぞ」吾も白き息吐く大寒の朝

静かなる部屋に置き物我ひとつストーブの上の薬缶ふつふつ

立春の風も光もやわらかくヨーソロと抜く肩の力を

旬の物うまくてついつい食べ過ぎるＳＯＳと膝の悲鳴が

行員に振り込め詐欺の被害者と思われる歳か夫も我も

被災して三春の仮設に住みしひと滝桜見て夜の森を恋う

六年の時間《とき》過ぎゆきて復活す夜の森桜のライトアップが

吹く風に桜花びら宙を飛び春は何処に姿を隠す

母の日のわれに届きし桜梅酒瓶に桜のペンダントあり

物言わぬ死者たち眠る東山霊園汚染袋《フレコンバック》の高く積まれいる

―八月二十九日は焼き肉の日―

明け方よりJアラートサイレンが繰り返しおり焼き肉の日に

五度あった地球の危機の六度目は世界戦争後の核実験かも

願いよ届け

東日本大震災から六年半が過ぎました。被災の年、三春の仮設住宅に移り住んだ富岡町の人が、三春の滝桜を見ました。富岡町の人は、

「私たちの住んでいた町に咲いていた、夜の森の桜並木の桜を見たい」

とテレビのニュースで話しているのを見ました。あれから六年が過ぎた今年の春、夜の森の桜並木はライトアップされて、夜の空に白く花が浮かび見る人の心に灯が点ったと思いました。六年前に夜の森の桜が見たいと思った人の願いが叶った訳です。

けれども先日、秋の彼岸に郡山市にある東山霊園に墓参りに行ったおり、墓地の空き地に汚染袋が高く積まれていました。春の彼岸、お盆、秋の彼岸とその汚染袋《フレコンバック》の山はだんだんと高くなっています。この先この汚染袋はどうなるのだろうと思いつつ帰って来ました。

須賀川から石川に向かう一一八号線の通りに添って、果物生産者の販売店が何軒かあります。桜桃、桃、葡萄、梨、林檎などを売っています。原発事故の年は、風評被害があって売れなかった。私も贈答品としては控えました。今は線量も計測して安全が確認されています。何の躊躇いもなく買って食べ、贈答品としても利用しています。改善するものと、傷跡として残るものがあるのです。それは、『震災の歌』（河北新報社編集局編）を読んだときに感じました。この本は震災から五年に渡って新聞に投稿された短歌を編集したものです。選者は、佐藤通雅氏と花山多佳子氏です。近しい人を亡くした苦しみは、大きな悲しみとなって心に残ります。それでも生き残った人は前を見て生きて行かなければなりません。

東日本大震災において、福島ではさらに原発事故という災難が重なりました。

元ラジオ福島アナウンサー大和田新氏が震災後五年間の取材をまとめた『大和田ノート』を読んで、映像で文字で過酷な出来事が蘇ってきました。

　そんな中で八月二十九日と九月十五日には、Ｊアラートサイレンが鳴りました。北朝鮮がミサイルを発射したという警報音です。今年の中学生の課題図書に『月はぼくらの宇宙港』（佐伯和人著）という本があり読みました。地球は今までに大きな危機が五度あったと書かれていました。一度目は、四億四千万年前のオルドビス紀で八五パーセントの絶滅。二度目は、三億六千万年前のデボン紀で八二パーセントの絶滅。三度目は、二億五千万年前のペルム紀で九六パーセントの絶滅。四度目は、二億年前の三畳紀で七六パーセントの絶滅。五度目は、六千六百万年前の白亜紀で七六パーセント絶滅。六度目の危機は核実験ではないかと書かれていました。

　ガガーリン大佐は「地球は青かった」と言いました。ザ・ブルーマーブル（青いガラス玉）といわれる、きれいな美しい地球を大切に守り次の世代を生きる子どもたちに、きれいなままで渡すことが、私たち大人の務めなのではないかと切に切に願っているのですが……。

核実験を止めるという願いが叶うことを祈るばかりです。

今年二〇一七年七月七日、国連で採択された核兵器禁止条約ですが、日本もアメリカも批准していないのが残念です。

8

あれから七年（2018年）

再生

枯れ残るシンビジュームのバルブから緑の新芽が未来を開く

芽生えたる新しき命を育まん霜枯れの株に緑耀《かがよ》う

果実酒を飲めばほつほつ火がともり十五匹目の羊と眠る

蜩の初鳴き聞きつつ七月の九日夕暮れ素麺ゆでる

夏野菜羽あるごとく届けられカイコのごとくバリバリと食む

午後三時やにわに空はかきくもりスコールとなりて庭を叩きぬ

雨粒は線香花火の爆ぜるごと割れて砕けて裂けて消えゆく

雨降ると夜空に花火音たてて我が身震わす終戦記念日

紫のヤブランのはな群れ咲けり真昼の木の下闇の晩夏に

ミニトマトぐんぐん伸びてたがめよと力を入れたるそのとき折れぬ

骨折のトマトに添え木とガムテープ生気戻れば数多の実生る

ふたとせを過ぎて育ちぬ久之浜の防災緑地のドングリ生る木

海神と我とをつなぐ風受くる水平線を異国の船ゆく

久之浜漁港祭りの景品ははらこたっぷりの鮭が一本

どんぐりころころ逢いに行く

命にかかわるような危険な暑い夏も通り過ぎた。今年は六月十八日に大阪北部を震度6弱の地震が襲った。六月二十八日～七月八日には西日本豪雨による水害があった。九月四日には台風21号が関西国際空港の滑走路を浸水状態にした。九月六日は北海道の厚真町の震度7と、その近辺の震度6強、震度6、震度6弱の地震。九月十五日には福島県の吾妻山は噴火警戒レベル2になった。自然災害は、これでもかこれでもかと続いて起きている。これらの現実に不安が募る。

八月十七日に、いわき市に行く用事があり出かけた。早目に出かけて時間があったので、二年前の、三月九日に植えられた、久之浜の防災緑地のどんぐりの生る木はどうなったのかと訪れてみた。

二年前の九月に久之浜を訪れたとき浜風商店街は、久之浜第一小学校の校庭の片隅に建てられていた。今年訪ねてみると浜風商店街は、「浜風きらら」と名称を変えて防潮堤の近くに建てられていた。二〇一七年四月二十日に開設されたとのこと。「浜風きらら」には、十の区画があり、そのひとつにＮＰＯ法人の「チャリティーショップ　ザ・ピープル」があった。古着・リメイク品・オーガニックコットンを扱っている店で、店頭のワゴンの中には、本日の目玉品として成人男子のブリーフが、二枚入って百円で売られていた。これは新品である。

「こんな値段で採算がとれるんですか」

と聞けば、

「利益は考えてないんです。店内にもいろいろとあるので見てください」

と声をかけられた。店内に足を踏み入れると、ワンピース・ブラウス・カーディガンなどが一着三百円とか五百円とほんとうに安かった。これはリメイク品だけれど新品同様の商品である。これらの商品は、いわき市にある企業に勤める人たちの善意によって集められたそうである。

「商品は、月に一度新しい商品を入れますので、また見に来てください」

と言ってくれた。

店を出て、店の目の前の防災緑地に行くと、どんぐりの生る木が育っていた。二年ぶりに見るどんぐりの生る木は、育ち方に個性があって、大きく育ってどんぐりの実を付けているものや、じっくりと成長に時間をかけている木と様ざまであったが、どの木もしっかりと地に根をはって元気に育っていた。防災緑地を登って防潮堤の上に上がる。三・一一の津波は八・五メートルの高さがあったので、防潮堤の高さは九メートルに造られている。防潮堤から水平線を見ると、白い船がゆっくりと進んで行くのが見えた。顔をなでる潮風は心地よく海神の優しい息遣いを感じるようだった。

昨年の十月二十九日に、夫がご近所の方たちに誘われて久之浜漁港祭りに参加した。そのときに景品として、はらこ（魚の卵）のいっぱい入っている鮭を一本戴いて来た。この大海原から安心して食べられる海の幸が捕れる、放射線量を気にしないで食べられることが嬉しかった。しかし、まだまだ再生の余地をたくさん抱えている今を思うと、生きる希望、未来の夢を奪う原発はいらないと私は思う。自然災害と違い、原発事故は人間の意志で止めることができるものなのだから。

9

あれから八年（2019年）

被災地に立つ

浪江には二万人からの人住みいしが原発事故後のいま九〇〇人

―平成三十一年三月二十五日現在―

人住まぬ荒野をかけるイノシシの親子は土中の蚯蚓《みみず》食みおり

草生なる田んぼの土のでこぼこは蚯蚓求める猪《しし》開けし穴

窓閉めて高速道路を走りゆく八ミリシーベルトの表示を見つつ

線量を撮らんとすれどスマホには高速点滅で数値写らず

防災の訓練もよし校長の判断もよし被害児なきは

車窓より見ゆるは工事風景と宿舎と現地視察の人影

あちこちに八年経てもなお残る無人の家と有刺鉄線

―三月三十一日―

大熊のじじい部隊の最終日隊員たちの笑顔となみだ

テレビ見て得たる知識に距離のある被災地の姿に五感震える

我が肌を一瞬の闇が包みたり春雷近づく湯浴みの夜に

庭隅の茶の葉を摘みて粥炊けば早緑の葉より香り立ちくる

騒音を立てて切られる老梅の悲鳴聞きたる七月の朝

また高くなりたるフレコンバック見ついつか葬られる霊園に

被災地を思う

人間の心の栄養は笑うことではなかと思う。しかし、このところ笑えない大きな災害がニュースになっている。九月十五日の新聞によると、台風15号が九月八日〜九日と千葉県を襲撃した。その結果大変な停電となっている。最大九十三万戸というから恐ろしい。十七万戸に電気が通じるのが最長で二十七日頃になるという。十八日〜十九日の長い停電生活を送ることになる。

どうして凌いでいくのだろうと思う。電気がなければ、冷蔵庫も使えないしテレビも見ることができない。電気でお風呂を沸かしている家ではお風呂に入ることも出来ないし、カップヌードルだって食べられない。とても笑えるどころの話ではない。

昔、福島に東京電力の原子力発電所が建つ前に、原子力発電所が建つこの地に住む人たちは、農業だけでは生計が成り立たず、冬場には成人の男の人は出稼ぎに出かけていたという。やがて、原子力発電所ができると、出稼ぎの人たちの働き場所となり、生計が立つようになった。家族が揃って冬を過ごすことが出来るようになった。家族が揃っての食事には笑いがあり、その笑いも美味しい食事の味付けになったのではないだろうか?

その事実だけを考えれば、それはそれである意味豊かな食事だったかもしれない。が、原子力発電の内なるパワーが人間に害をもたらす事故を引き起こすということになれば、それは、結果的に家族を引き離す結果をもたらし避難生活を送ることになったのだから、その事故の恐ろしさをしっかりと受け止めなければならないと思う。避難生活は、人間の繋がりを奪ったり、避難者が孤独に陥る原因になったり、命まで失うことにもなったのである。たった一人で生き残り、新し

く建てられた家に住んでいる人に向けられたインタビューに応えた人は、

「しゃべる人がいないんだ。何にもおもしゃぐねえ」

という話を聞くことができた。さらに、

「昔は家族で、おもしぇごとがあっと、みんなで、大きい声で笑っていたんだぞい」

とも言っていた。

今年、三月二十五日に原発事故の被災地を訪ねた。工事現場に貼られていた昔の街並みを写した写真には、たくさんの家が建ち、賑やかな話も聞こえてくるような感じがした。今、目の前の工事中の現場には家は一軒も無く、すっかりと様変わりしていた。そこには、町があったことすら感じられない状態になっていた。

人の住んでいない、そしてもう作られていない田んぼに猪の親子がやって来て、土を掘り起こして、蚯蚓《みみず》を食べて穴だらけにして帰って行くとガイドの人は言っていた。

その日の浪江町の人口は九百人。原発事故前は二万一千人余りの人口があったという。

原発事故があり、ふる里を離れて行った人たちが、笑って日々を過ごしていることを願うばかりである。令和元年九月十五日、今日は晴れている。暑さも少しずつ凌ぎやすくなってきている。

10

あれから九年（2020年）

言霊の力

覚め際に夢の続きが気になりて覚めたくはなし覚めねばならぬ

目覚めれば杞憂と知りて御破算で願いましてと一歩踏み出す

朝食の支度始めるキッチンに鶯のこえ弾みをつける

吾が想いしかと届かぬことありて説明の声高くなりゆく

ひたすらに願う気持ちを口にせば叶えてくれる言霊の力

図書館に一日こもり我のみの時間を文字の森にて遊ぶ

帰り来る夫が好んで飲んでいるブルーマウンテンの豆買いに行く

Uさんのセクシー大根足からめリアルな位置に付きたるものあり

冬の陽の光差し出で掃除機は居間の日溜まりもろとも吸えり

淡雪はフロントグラスに着地して三秒程で解けて消えゆく

朝まだき月の光の差す部屋のストーブ点けて今日を温める

生まれきて原発事故に出会いしを定めと思えどひたすら悲し

居場所より引き離されし人々に原発事故後の虚ろなる日々

黒雲を今も心に抱きつつ明日を迎える人の寂しき

猛暑と原発事故とコロナウイルス流行と

あんなに暑かった毎日も今はすっかりと秋の風が吹くようになり、過ごしやすくなってきた。お盆が過ぎて一か月もすれば今度は彼岸、店先に彼岸用の花が売られている。竜胆《りんどう》、菊、鶏頭その他の花が、いろいろな組み合わせで花束になって売られている。隣にいた買い物客が話しかけてきた。

「今年は猛暑で花の葉は枯れるし、何度も消毒をしたって花農家の人が言っていた」

「自然が相手だと毎年同じような季節の巡りでないから大変ですね」

そういえば、今年は梅雨が長くて明ければ猛暑が続いた。花も彼岸に合わせて咲かせる苦労もあるのだろう。自然との折り合いをつけることの難しさが思われた。そういえば油蟬の鳴き声も例年より少なかったように思う。気温が高いと油蟬は鳴かないと誰かが言っていたように思う。年々夏の気温は高くなってきているように思われる。

九月十八日の夕方、テレビニュースで二日後の九月二十日（日）に双葉町に県立の「東日本大震災・原子力災害伝承館」を開設すると報じていた。その中で汚染水は、九月十八日現在で一二三万トンになるという。そこで汚染水について調べてみた。

核燃料デブリを冷却するために、毎日一〇〇～一三〇トンの注水をし、さらに建屋の壁の隙間から地下水が入ってきて、一日あたり約四〇〇トンもの高い濃度の放射性物質の汚染水を発生させているという。汚染水に含まれているトリチウムは水素の放射性同位体で、半減期は一二・三年でベータ崩壊するという。カナダ原子力委員会の一九九一年の報告によると、トリチウムによる被害としては、遺伝障害・新生児死亡・小児白血病などの症例が出ているという。このトリチウムを含む汚染水を海に放出すると聞き、地元の漁業関係者やその他の団体が反対をしている。海に放出しないで済む方法を早く見つけて欲しいものである。

今年は世界的にコロナウイルスが流行した。三密を避けるということで、私たちの歌会も何度か中止となった。夫の利用しているリハビリテーションや訪問介護においても、

「・ご利用者様又は同居されているご家族様が県外外出、海外渡航した場合

・直近二週間以内に県外または、海外渡航歴がある来客者との接触があった場合

＊右記の項目に該当する方は、当事業所の判断のもと十四日程度中止させて頂

く場合がございますが（後略）」

という通知が届いた。また、コロナウイルスの流行により学生の就職内定取り消しや、飲食店の営業停止により、学生がアルバイトができずに大学を辞めざるをえない状態になったりしている。若者が将来に希望を持てる世の中に、早くなって欲しいと願うばかりである。

11

あれから十年（２０２１年）

時間《とき》のはざまで

去年今年コロナ禍なれば籠もりいて時間ばかりがすり抜けていく

サイダーを飲めば体をしゅわしゅわと春が弾ける桜咲く庭

公園のグリーンシャワーをたっぷりと吾が身に浴びれば心洗わる

ランチには夫の好きなオムライス夫も完食われも完食

掘りたてのじゃがいも使いコロッケを大地に礼を言いつつ揚げる

子が親を思う気持ちと親が子を思う気持ちのすれ違う夏

病院の待合室の椅子の上腰掛けるなと命じる紙あり

コロナ禍の非日常を夫といて笑って怒って食べる日常

コロナ禍で一年遅れのオリンピック福島県から聖火が走る

―オリンピック・卓球の混合ダブルス準々決勝―

ドイツとの混合ダブルス２対９も追い上げ勝利へ水谷・伊藤

―パラリンピック・男子車いすバスケットボール―

空中を泳ぐかのごと移動する鳥海連志《ちょうかいれんし》の華麗なプレー

限りなく増え続けゆく汚染水いつしかコロナの陰に隠れて

汚染水を濃度薄めて流す海　海の悲鳴が聞こえてきそう

十年過ぎ原発避難者は三万六千人　戻れぬふる里

あれから十年

今年三月十一日で、東日本大震災から十年が経つ。今も原発避難者は約三万六千人いるという（東日本大震災の避難者は四万人余り）。現在も「白い土地」と言われている場所があるという。放射線量が極めて高く「帰還困難区域」の中でも、将来的に居住の見通しが立たないエリアを「白い土地」と言い福島県の大熊町などで使われている隠語であるという。今年トリチウムの含まれた汚染水を安全な濃度に薄めて海に流すことが決まった。他にもまだ未解決の問題は残っている。そんな中でコロナの流行があり、一年遅れてオリンピックとパラリンピックが日本で開催された。オリンピックの聖火は福島県の浜通りのJヴィレッジからスタートした。ところが、コロナの感染者の数はどんどんと増えていった。福島県ではソフトボールと野球の試合があづま球場で行われることになった。あづま球場での観戦者はとても楽しみにしていたが、北海道での競技が無観客で開催すると宣言した次の日に、福島県でも無観客での開催にするとの宣言があった。試合の行われる間近な日のことだった。

日本ソフトボールのチームは、あづま球場で勝ち進み、決勝は会場を横浜に移して金メダルを獲得した。このオリンピックで心に残る試合は、卓球でも見られた。それは、混合ダブルスでの、水谷・伊藤ペアのドイツとの準々決勝のときで、2対9で誰もがもう負けるだろうと思われた試合であったが、そんな窮地にあったも諦めずに果敢に戦って逆転勝利した。決勝では中国と戦い優勝して金メダルを手にいれた。

パラリンピックでは、男子車いすバスケットボールの、鳥海連志《ちょうかいれんし》選手の神業とも思えるプレーから目が離せなかった。日本チームは、予選二位の成績で決勝に進んだ。一試合一試合が楽しみで待ち遠しかった。わくわくして試合を見た。残念ながら決勝では60対64でアメリカに敗れ銀メダルとなったけれど、実に見事な試合であった。鳥海選手の空中を泳ぐような華麗なプレーが心にしっかりと印象づけられた。目標を持って取り組む日常は、より確かな歩みになるのだと思われた。何か心を満たす取り組みがあれば、人は本当にいい顔をするのだと、鳥海選手のプレー時の生き生きとしていた表情を見てそう思った。鳥海選手の持って生まれた天性の素質と、出会いの軌跡と、本人のたゆまぬ努力と、負けず嫌いの性格が相まって作られたプレーが、見る人に感動を呼び起こしたのだと思った。

若者が思いっきり、自己表現することができるように、それを支援するために環境を整えることが、未来を生きる若者の大きな支えになるのだと思われる。若者が心から打ち込めるものを見つけて、取り組むことができる環境を整えて欲しいと願うばかりです。

12

あれから十一年（2022年）

何処へ向かう

雪降るも赤き蕾をそのままに薔薇は寒さにじっと耐えいる

キッチンの粥炊く土鍋ことことと夫の朝餉がもうすぐできる

早朝の静けさのなか湯を沸かしほうじ茶淹れるが日課となりて

久々にうから集いてにぎやかに笑顔弾ける入梅《ついり》のひととき

九キロの新潟産の西瓜切りうから九人集いて食みぬ

―圧迫骨折にて床に伏す吾―

床に伏し子規の視線で見つめれば視界広がる夏空眩し

母の怪我早く治れと願う息子は作るスープに呪文を込める

―『楽園のカンヴァス』原田マハ著を読んで―

時間《とき》を越えアンリ・ルソーの絵の中に命宿らせ生きるヤドヴィガ

それぞれの心のひだを織りなしてショパンコンクールに寄せる音の波

たゆまない練習ありての表現に魂つかむ演奏生《あ》るる

本棚の辺見じゅん氏の短歌《うた》読めば懐かしき思い出あの日あの笑み

春を待ち一キロ先の海中へ薄められたる汚染水流さる

春という門出の季節に汚染水を海に流すは心がくもる

住みにくき古里にしてしまいたり原発事故も新型コロナも

心を救われた一冊の本

夫が脳梗塞で倒れてから九月十三日で三年になる。救急車で運ばれ医師から予断を許さない状況であると告げられた。家族が病院に集まり眠れぬ一夜が明けた。医師の説明によれば決して良い状態ではなかった。その後、何日か経ち、医師がレントゲンの写真を見て説明することによると、病巣がかなり小さくなっていた。あまりの回復力に医師も驚くほどだった。

夫はリハビリに耐え、また生来の生命力の強さも手伝って元気を取り戻した。リハビリに四か月半かけた後、家に帰ってきた。

その後、言語リハビリの先生に家に来てもらうことを決めた。こうして「チーム菅井」が誕生した。新しい言葉を覚えれば喜び、さらに夫婦で毎日の日常の出来事を書き綴ったノートを、言語リハビリの先生が読んで大きな花丸をつけてくれた。私たち夫婦は子どものように喜んでまた頑張ろうと思った。今年の七月五日の朝のことだった。立ち上がる夫の手助けをしようと夫の腰を抱え立ち上がらせようとしたとき、私の背骨がずんと沈んだ。痛みに耐えながら、ケアマネージャーのSさんに電話をしてきてもらった。相談の結果、夫は次の日にショートステイで預かってもらうことになった。私は息子に整形外科に連れて行ってもらった。レントゲンの写真を見て医師に圧迫骨折であると告げられた。

痛みに耐えて、ただ横になっている私に息子が、

「図書館に本を借りに行けないし、何か読みたい本があったらネット販売で買ってあげるよ」

と言ってくれた。こうして買ってもらった本が『寂聴　九十七歳の遺言』だった。その本には「八十八歳で背骨の圧迫骨折で半年寝込む」と書かれていた。私

は今、背骨の圧迫骨折をして二か月半で、まだまだ半年までには時間がある。治るだろうと思うことにした。さらに「すべてのものは移り変わる」（苦しいことは必ずあるはずです。でも、その悩みはいつまでもつづくことはない）「不幸は泣き顔につきます。ニコニコしていると不幸は逃げていく」という文章が私の心を開いた。

九月十三日に敬老の日の引き物が届けられた。コロナ禍のために祝宴の集いは中止となった。引き物は石川町に六軒あるお菓子屋さんから、一個ずつを箱に詰めたものと、折り鶴とキーホルダーだった。キーホルダーは、封筒に私の手紙を入れて、現在は夫の入院している病院へ送った。

原発事故から十一年が経つ。九月十二日の〈はまなかあいづＴＯＤＡＹ〉（ＮＨＫ福島放送局によるローカルニュース番組）では、原発事故地から一三〇キロ離れている金山町の沼沢湖のヒメマスも被爆し、その後も風評被害はあったけれど、今は安全になり、人々にも安全が認められるようになったという。九月十四日の町民ニュースによると、東京電力のトリチウムを含む処理水の工事は「気象や海の状況次第では、工事完了が夏にずれ込む可能性も示唆する」と書かれていた。
まさに、世の中は良くも悪くも変わるものだと思われた。

13

あれから十二年（2023年）

季節はすぎゆく

チューリップ植えんと庭地を耕せば夫の化身か蛙見ており

限りなく如月の空青く澄み那須連峰の冠雪ひかる

しんしんと吾が身を包む静けさよ部屋のあかりは心に届かず

縛り無きままに過ぎゆく日常に浮草のごと時間《とき》をたゆたう

―母親がわりの姉逝きて―

約束は小豆島への旅なりき果たさぬままに姉逝きませり

粛粛と茶道極めし姉のこと話す和尚は蓮の花折る

静けさがずんずん覆いかぶさりてひとりの時間が飲み込まれゆく

「星」という兼題なれば夜空見ん月の光が心に点る

ゆっくりと息を整え目を閉じる思考回路のスウィッチを切る

隣家《となりや》の娘が奏でるピアノ曲となりのトトロが弾んで歩く

屋根よりも背高のっぽの向日葵は隣家向いて花咲かせおり

月一度歌会のなかまと集う日はちむどんどんと時間が跳ねる

ミサイルの発射知らせるJアラート恐怖の朝の海あらあらし

—八月二十四日—

一時五分徹子の部屋の画面のうえ処理水流すテロップ流る

遠き夏の日

今から三十年以上前の話になります。その頃は、まだ今のように自販機で飲み物を買うこともなく、自販機も出回ってはいませんでした。

蟬が鳴いていた暑い夏の日でした。正午前の十一時半ころでしたでしょうか、二人のジャージを着た中学生の女の子が、我が家にやって来ました。

「先生に頼まれて、飲み物を取りに来ました」

と言いました。そう言えば朝、夫に頼まれていたことを思い出しました。

「ご苦労様、ちょっと待っててね」

と私は冷蔵庫に飲み物を取りに走りました。夫は中学校の教諭でソフトテニスの顧問をしていました。夏休みのその日は、ソフトテニスの試合があった。我が家の近くの中学校が試合の会場になっていたのです。

試合のある前日の朝のことでした。夫に私は、

「明日の試合のために、勝利のジュースを作るので、材料を買っておいて」

とたのまれました。蜂蜜、レモン、林檎が勝利のジュースの材料でした。

「私、作ろうか」

「いや、それでは意味がないんだ。自分で作らないと駄目なんだ」

と言って、試合当日の朝は、早起きをしてせっせと勝利のジュースを作って冷蔵庫にしまいました。

「お昼ころに取りに来るから渡してくれる」

と言って、張り切って出かけて行きました。こうしてやってきたのが、二人のジャージ姿の女の子でした。一人は背が高く、もう一人は背の低い娘というイメージが記憶に残っていました。

昨年、夫が亡くなり、その告別式のときでした。二人の女性が近づいて来て言いました。

「夏の日に、勝利のジュースを取りに行った者です」

やっぱり、一人は背が高く、もう一人は背が低く、あの夏が思い出されました。

「蜂蜜とレモンと林檎で作った、勝利のジュースね」

と私が言うと、二人は大きく肯きました。

あの夏の日の試合で、勝利のジュースが勝利を導いたのかは覚えていません。でも、試合に向ける意欲をひきだしたのであれば、それはきっと夫の勝利のジュースに込めた気持ちが通じたのだと信じています。


今年の八月二十四日の午後一時五分のことでした。〈徹子の部屋〉を見ているときでした。テレビの画面の上をテロップが流れました。「福島第一原発処理水海洋放出を開始」と。望む人と、それを拒否する人との気持ちは平行線のままに進められました。皆が納得する魔法があればと思われました。人と人との関わりに、ほっとすることが少しずつ阻害されていく現実に、寂しさを感じるこのごろなのです。

あとがき

出会い。この偶然の軌跡によって、私は大きな道標を持つことができた。

その一つ目は、夫との出会いでした。四十年にわたる長い時間の中で、三人の子どもを授かり、お互いに少しずつ積み重ねてきた日常において、お互いを思いやる気持ちが培われてきた。その夫が令和四年の十月二日にこの世を去った。その夫の死が認められなくて、それなら、夫の描いた絵を形として残したいと思った。原発事故の世の中を一枚の絵に込めた白木蓮の絵が、通夜の夜に白く光って浮き上がって見えた。この絵を私の十年余りの原発事故の記録と共に、形にしたいと思った。命はなくなっても絵という形で第二の生を宿して残したいという思いがあった。

夫は、原発事故の集会に連れていってくれた。埼玉県の〈原爆の図　丸木美術館〉でチェルノブイリの写真展示をしているとのラジオ放送を聞いて連れていってくれた。久之浜のドングリの植樹の後、その後のドングリがどうなっているかと連れていって見せてくれた。いつも夫は私の側にいてくれた。

夫に連れていってもらったあちこちの場所で、出会いがあり、人々の思いのこもった言葉を聞くことができた。原発事故による被災。これは出会ってはならない人災でした。一つ一つの思い出が、記憶とともに、蘇ってきて、辛くなりながら原稿を纏めた。これは原形のない夫との一つの逢瀬の形であったのかもしれない。

そんな夫のことを短歌にしたものがある。

やさしさを心のことばで伝えくる夫の淹れたる一杯の茶

さそわれて夫のあくびを引き受ける小春日うらら縁側談義

雪の道ラッセルしつつ行く夫の付けし足跡に重ねて歩く

脳梗塞で、髭剃りもままならない夫の顔そりを三男がやさしくお世話をしてくれた。

晴れた朝の廊下に開いたとこやさんやさしく息子が剃る父の鬚面

その二つ目は、二〇〇〇年五月三十日のことです。午後一時三十分過ぎのことです。じゅんじゅんの会の会長の務川裕子氏の家の前を自転車で走っていると、ちょうど家から出てきた、務川裕子氏と鈴木瀧子氏に呼び止められた。鈴木氏が、

「あんた、自分史を書いてみないかい」

と誘ってくださった。いつもなら、人に語るような人生ではないと断るのが私です。ところが、そのときの鈴木さんのことばになぜか、私は首を縦に振っていた。こうして、辺見じゅん氏監修の、『二十一世紀の伝言』という自分史に参加

させて頂いた。その後、辺見じゅん氏の立ち上げた、『弦』の短歌結社に参加して今に至っている。

その三つ目。「9　あれから八年」での被災地を訪ねることができたのは、武田房子氏と菅井陽子氏の協力があったからです。感謝の気持ちで一杯です。二人の協力なしでは、被災地を知ることも、書くことも出来ませんでした。

その四つ目は、辺見じゅん氏を通じて出会った、田尻勉氏のお力添えを持ってこの本を出版することができたことを、深く感謝申し上げます。

◆参考文献

『海の壁　三陸海岸大津波』吉村昭　中公新書　一九七〇
『放射線の話』大朏博善　ワック文庫　二〇〇二
『チェルノブイリの祈り』S・アレクシェービッチ（松本妙子訳）岩波現代文庫　二〇一一
『楽園のカンヴァス』原田マハ　新潮社　二〇一二
『沈黙の春』レイチェル・カーソン（青樹簗一訳）新潮文庫　一九七四
『センス・オブ・ワンダー』レイチェル・カーソン（上遠恵子訳）新潮文庫　二〇二一
『寂聴　九十七歳の遺言』瀬戸内寂聴　朝日新書　二〇一九
『丸木位里・俊の時空』ヨシダ・ヨシエ　青木書店　一九九六

初出　『歩き続ける』第一号～第十三号

菅井千佐子（すがい・ちさこ）

一九四八年、福島県郡山市生まれ。
千葉県公立小学校教諭のち退職。
菅井昭と結婚以降、福島県石川町
に住み現在に至る。
著書に、『ぼくの妹ちいちゃん』
（栄光出版）がある。
辺見じゅんの創設した結社『弦』
同人。

白木蓮《はくもくれん》咲く
東日本大震災と原発事故と

二〇二四年四月一日　第一刷発行

著　者　菅井千佐子
発行者　田尻　勉
発行所　幻戯書房
郵便番号一〇一‐〇〇五二
東京都千代田区神田小川町三‐十二
電　話　〇三‐五二八三‐三九三四
FAX　〇三‐五二八三‐三九三五
URL　http://www.genki-shobou.co.jp/

印刷・製本　中央精版印刷

落丁本・乱丁本はお取り替えいたします。
本書の無断複写・複製・転載を禁じます。
定価はカバーの裏側に表示してあります。

©Chisako Sugai 2024, Printed in Japan
ISBN978-4-86488-296-5　C0095